BIBLIOTHÈQUE
CHRÉTIENNE ET MORALE
APPROUVÉE PAR
MONSEIGNEUR L'EVÊQUE DE LIMOGES.
3ᵉ SÉRIE.

Tout exemplaire qui ne sera pas revêtu de notre griffe sera réputé contrefait et poursuivi conformément aux lois.

Barbou frères

MŒURS

ET

COUTUMES NAPOLITAINES

PAR

VALENTIN FREVILLE

LIMOGES

BARBOU FRÈRES, IMPRIMEURS-LIBRAIRES

A MADAME DUBREUIL, A PARIS

Naples, 12 septembre 185,..

Ma très-chère amie,

Je suis dans un pays plus charmant que le plus beau des rêves, plus poétique que le meilleur des poètes, plus parfumé que le royaume des fleurs : je suis à Naples. Rien de plus ravissant que cet immense amphithéâtre de palais, de collines, de bois embaumôs, baignés par la mer; rien de plus délicieux que cet éternel ciel bleu. Quand je dis éternel, je me trompe.

L'autre soir, j'avais pris une carossella pour me faire conduire au Pausilippe. La *carossella* est une petite voiture découverte, dans laquelle, sans crinoline, bien entendu, on peut tenir jusqu'à deux, et que conduit un pauvre petit cheval maigre, mais d'assez belle robe, qui va comme le vent. Ce petit cheval n'a pas de mors; pour le remplacer, la bride, garnie de cuivre, lui serre le nez, généralement le lui écorche et y fait une plaie saignante; alors il suffit de cette cruelle pression pour diriger l'animal, qui obéit sans hésiter jamais. J'avais rendez-vous avec Emile et son gouverneur pour dîner, sur le rivage du golfe, près du Palais de la Reine Jeanne, chez *Frisi*, le Véfour de Naples, et y manger un potage aux vengoli, abominable mets et dîner plus détestable encore. Cette colline du Pausilippe, dont le nom grec signifie *Cessation de la Tristesse, Pausis Lupès,* me dit Emile, a quelque chose de si flatteur pour la vue qu'un touriste anglais, après avoir parcouru le monde entier, attaqué du spleen, et près de mourir à Naples, exprima le désir, par son testament « d'être placé debout, sur la cîme du Pausilippe, afin d'avoir toujours *sous les yeux* le site le plus admirable de l'univers entier. » On exauça ce vœu, appuyé d'un legs considérable, et, dans une sorte de guérite en marbre, demeure et se momifie, debout, le cadavre du touriste anglais. De Piédigrotta l'on découvre ce sépulcre excentrique.

Eh bien! lorsque, enivrés de poésie, en face du spectacle magique offert par le paysage baigné par une mer plus bleue que le ciel, par un ciel plus bleu que l'azur, éclairé par un soleil d'or qui se couchait dans la pourpre, rafraîchi par des brises se jouant

dans les feuillages de myrthes, de lauriers-roses et d'orangers aussi
verts que le printemps, nous rentrions dans Naples pour faire le
corso sur la Chiaja, voici que, sans que nous ayons rien vu venir
au firmament, éclate un coup de vent d'une telle violence que je
crus emportée dans le golfe ma trop légère carossella. Nous fîmes
toucher immédiatement à notre Hôtel de Rome. C'était bonheur,
car à peine pénétrions-nous dans notre appartement que soudain
un second coup de vent, plus violent que le premier, enfonça l'une
de nos fenêtres, fit battre nos persiennes avec rage, et secoua si
rudement les volets de la ligne des quais qu'il y eut un vacarme
d'enfer. En même temps, un éclair ayant sillonné la nue noire qui
avait inopinément caché le ciel, une détonation de la foudre fit
entendre une explosion formidable, et alors les cataractes d'en
haut s'ouvrirent, versant leurs eaux en cascades et en trombes.
Puis, tout-à-coup encore, il ne fut plus question de vent, d'éclairs,
de foudre et de pluie ; le ciel redevint bleu et reprit sa sérénité, les
derniers feux du soleil couché rayonnèrent, et on put jouir de la
plus délicieuse soirée.

Ainsi se passent les choses; à Naples, et c'est d'un grand avantage ; car, comme on ne balaie jamais les rues, elles seraient d'une
immonde saleté, si le ciel, qui semble avoir adopté le peuple napolitain pour ses enfants chéris, ne se chargeait de l'entreprise.
Après ces déluges, répétés de semaine en semaine, ou a peu près,
la ville est nettoyée. Mais il faut voir quelle masse d'eau inonde
Naples alors, et quel gigantesque balayage, rappelant celui des
écuries d'Augias, l'un des douze travaux d'Hercule ! La tourmente
est parfois si violente, que tout mouvement d'hommes, d'animaux
et de voitures cesse instantanément dans toute la ville; pendant
une heure Naples ressemble à un tombeau ; pas un être vivant

dans les rues. Aussi raconte-t-on qu'une dame, s'étant obstinée à braver la tempête, fut entraînée à la mer avec sa voiture, ses chevaux et ses gens.

Heureusement qu'à raison de leur voisinage du Vésuve et par crainte des fréquents tremblements de terre de la contrée, les maisons de Naples ont des fondations profondes et solides, et sont fermées de murailles d'une épaisseur extraordinaire ; sans cela je croirais, en vérité, que la fureur des éléments, un instant déchaînés, accumulerait bien des ruines.

Maintenant, ma toute bonne, je vais te donner l'idée de la façon dont nous vivons à Naples, et te peindre l'emploi de nos journées.

D'abord nous nous levons d'assez bonne heure, car le peuple est fort matinal, plus matinal que le soleil, et, comme quand un certain roi avait bu, la Pologne était ivre, ici, quand le peuple ne dort plus, personne ne doit plus dormir. Couché vers minuit, il est debout à cinq heures, et dès-lors le tapage commence. Cela se conçoit ; on ne respire bien que dehors, à Naples, à moins d'avoir d'immenses appartements. Or, le peuple qui ne demeure que dans les bouges de rues étroites et impures, vient aussitôt que possible sur les quais, et tout d'abord il cherche à y gagner quelques sous le plus vite possible, afin de s'ébaudir au soleil et de ne plus rien faire de la journée.

— Fais-moi cette commission... dites-vous à un lazzarone couché sur les dalles de Santa-Lucia, en le poussant du pied en en lui montrant une pièce blanche.

— *Non, Esselanza, o per manggiar!* répond-il.

— Très-bien ; tu as pour manger aujourd'hui, mais demain ? ajoutez-vous.

— *E, Dio !* fait le lazzarone, en montrant le ciel d'un geste admirable.

Ainsi donc, vous le voyez, cet homme compte sur la Providence. En effet, pourvu que le Napolitain ait du soleil, le grand air, des fruits et de la neige, dont on recueille des masses énormes, pour fabriquer son *aqua fresca*, il est heureux. Son caractère se refuse au chagrin, et il ne lui faut que le *dolce farniente*, c'est-à-dire un *doux ne rien faire*, le nonchaloir.

Donc, dès le premier rayon de soleil, il n'est plus possible de dormir. Ici, c'est un guitariste qui, sous vos fenêtres, fait entendre sa romance favorite et répète sans cesse le refrain *Santa Lucia ! Santa Lucia !* Là, c'est un compère qui, en guise de trompette, de sa bouche en cœur glapit cet horrible nazillement de Polichinelle que tu sais, et appelle les amateurs autour de lui. Enfin ce sont des cris, des sifflets, des voitures, des clairons, des trompettes, des marches de régiments, des défilés de canons, que sais-je ? toutes choses qui forcent le songeur à sortir du lit.

Alors, pour respirer l'air pur du matin, jouir de l'aspect du golfe qui rutile, des collines qui verdoient, des quais qui poudroient, et surtout afin de promener un œil curieux sur le Largo Santa Lucia, dont l'aspect égaie, nous nous mettons à la fenêtre. Cette étude de mœurs a quelque chose de saisissant, de fantastique qui sent la Bohême, qui nous intéresse et nous fait mieux connaître le pays où nous nous trouvons. Voici la mise en scène du spectacle : Nombreux lazzaroni, couchés sur les dalles les uns, les autres debout, ceux-ci mangeant, ceux-là jargonnant avec une verve intarissable, ici écoutant Polichinelle et ses farces, là répétant en chœur l'éternel Santa Lucia ! la *Canzone Marinaresca* la plus en vogue à cette heure. On s'éveille dans toutes les maisons qui bordent le quai. D'un quatrième, d'un sixième étage, une jeune ménagère, le buste en désordre, ou une vieille matrone, la face grinchue, afin de s'épargner la fatigue de l'escalier, descendent à l'aide d'une longue corde un large panier que les fournisseurs, qui passent et les ont appelées d'un cri particulier, remplissent de provisions. De nombreux forçats, de jaune et de rouge vêtus et coiffés, conduits par la force armée, arrivent du Château de l'Œuf, et, comme des troupeaux de moutons, se rendent sur divers points de la ville, pour les travaux publics qu'ils doivent exécuter. Le groupe le plus considérable s'arrête près de notre demeure, à la porte de l'arsenal, où des marchands de tabac, des vendeurs de fruits, de ravioli, d'acquajolo, etc., spéculant sur leur présence, séjournent d'ordinaire pour les approvisionner au passage. Là commencent les causeries bruyantes et les rires joyeux. Les vendeurs se font gracieux, les soldats joviaux, et les forçats sémillants ; chacun y met du sien pour amuser la galerie de matelots et de passants qui se forme à l'entour. Des Calabraises, dans leur costume pittoresque, nous voyant attentifs, font entendre un roulement préliminaire de leur tambour de basque, et, le sourire aux lèvres, les voici en danse, manœuvrant des hanches et du torse, se cambrant, se tordant, se jetant en avant, en arrière, pour exécuter leur ardente tarentelle, tout en chantant, tout en marquant la mesure au son du tambourin. Après elles, les petits lazzaroni dont la cupidité se trouve éveillée par nos largesses, nous crient :

— *Uno grano, una piccola moneta, per manggiar macaron ?*

et dans leur sourire, ils vous montrent des dents qui n'ont besoin

ni de pierre ponce, ni d'opiat pour briller du plus bel émail. Remarque bien que, dans son patois, le Napolitain, j'entends l'homme
du peuple, ne fait jamais sentir la dernière syllabe du mot italien :
elle reste dans la bouche. Ainsi dira-t-il *macaron* au lieu de *ma-*
caroni, et il appellera son cher saint Janvier *san Gennar*, au lieu
de *san Gennaro*. Les pêcheurs, arrivant de la haute mer, abordent
au rivage et amarent à l'estrade leurs barques chargées de poissons
frétillants et de molusques qui baillent au soleil. Or, comme Santa-
Lucia est le quai de la marée, on les voit qui étalent leurs articles
sur les tables et entonnent leur effrayant concert de cris et d'appel
aux amateurs. Déjà de graves personnages, tout de noir habillés,
montent de la riviere di Chiaja, et, cachés sous le vaste parasol
blanc dont les Napolitains ne se font pas faute sous l'inexorable
soleil de leur ville, ils se rendent à leurs affaires. Puis, défilent,
à grands bruit de grelots, de nombreux équipages à trois chevaux
emplumés et pomponnés, qui conduisent des touristes à Cumes, à
Baïa, aux antiquités de Pouzolles et de Misène, à la Solfatare et
dans les Champs-de-Feu. Les carrosselle, à un   irlin la course,
soit quarante-cinq centimes, et des calèches de choix, prennent
place en face de notre hôtel pour y attendre la pratique. Des bandes
de religieux, de tous ordres et de tous costumes, se mêlent et se
croisent, se dirigeant sans doute vers des églises ou des monastères.
Côte à côte avec eux, cheminent de petits enfants dont la vue nous
amuse beaucoup. Ils sont vêtus en moines, petite robe de bure
blanche, ou noire, ou brune, scapulaire par dessus, et à l'entour
de la taille, ceinture de cuir ou corde de chanvre. Que signifie ce
travestissement pour des enfants du plus bas âge? Le voici : En
France, il arrive à bien des mères, à beaucoup de familles, de
vouer leurs enfants au blanc ou au bleu, jusqu'à un certain âge.
C'est un sentiment pieux qui fait mettre ainsi ces petits êtres sous

la protection de la sainte Vierge. C'est le même sentiment religieux qui anime les Napolitaines. Elles consacrent au Seigneur, jusqu'à six, douze ou quinze ans, leurs fils qui deviennent ainsi, pour un temps, de petits capucins, de petits camaldules ou des franciscains en miniature, et leurs filles, qui sont admises chez les visitandines ou les annonciades, etc. Rien de plus curieux que ces jolies têtes de frais et joufflus *amorini* affublés du hoqueton et de la cuculle. On serait tenté de les embrasser dans la rue. Rien de plus original encore que ces nombreux petits abbés de dix à douze ans, qu pullulent dans Naples, portant fièrement leur petit collet, et se coiffant du tricorne d'une façon plus ou moins drolatique. Aux moines succèdent des files de jeunes gens, vêtus de soutanes violettes, bordées de liserés et de boutons rouges. Ce n'est pas autre chose que des virtuoses composant les maîtrises des paroisses et se transformant plus ou moins vite en artistes, dont le talent musical fait quelquefois bruit plus tard. Mais, silence! Que veulent dire ces tintements répétés de clochettes qui s'échappent de l'église Santa-Lucia, notre voisine? Le poste de l'Arsenal prend les armes et bat aux champs; des matelots se détachent du corps-de-garde et se placent à la porte de l'église. Au son des clochettes, les cris du quai cessent soudain; cent fenêtres s'ouvrent et laissent voir des visages recueillis; tous les passants se découvrent la tête, les voitures s'arrêtent, beaucoup de ceux qui les occupent, descendent, et leurs cochers mettent pied à terre. On s'agenouille de toutes parts; il se fait un moment de silence solennel qui ressemble à la prière. Alors apparaît, sortant de l'église, un homme ayant endossé une longue tunique rouge, bordée de jaune par-dessus des habits de prolétaire, et, les mains armées de sonnettes retentissantes qu'il vibre des deux bras levés en l'air. Il les laisse retomber avec mesure, recommence ce mouvement gymnastique sans paix ni trève, et s'avance majestueusement dans la rue. Il est suivi d'un enfant affublé d'une semblable tunique, quelquefois trop longue pour sa taille, et qui porte au dos, dans une sorte de tabernacle, les objets nécessaires à la circonstance. Enfin vient un prêtre, en habits sacerdotaux, qui tient dignement le ciboire sacré, que les marins, tête nue, couvrent d'un dais de soie blanche et qu'accompagnent deux rangs de matelots. C'est le Viatique que l'on porte à un malade. Une foule, qui grossit à chaque pas, fait suite au cortège sacré. Mais à peine s'est-il éloigné que le mouvement et le bruit, un instant suspendus, reprennent de plus belle. Pulcinella vagit ses chants nazillards avec une verve nouvelle ; les guitares exécutent des battements plus joyeux ; le tambourin s'émeut six fois plus fort, et les poitrines des marchands de poisson se dédommagent par de formidables explosions. Le fouet fait justice du retard et donne des jambes plus dégourdies aux poneys, en un mot le quai redevient tapageur au possible. Aussitôt des frères mendiants s'arrêtent devant nous, et, saluant d'un sourire, nous montrent leur sac ouvert. Nous comprenons la pantomime, et une pluie de *tornesi* (1) s'échappe des mains de mon Émile ou de M. Valmer. Mais ne frappe-t-on pas à la porte de notre appartement? Oui, et, Dieu me pardonne ! c'est un de ces frères quêteurs qui vient nous baragouiner une requête à laquelle nous ne comprenons rien, si ce n'est qu'il sera satisfait d'une *piccola moneta*, sous forme de deux ou trois *carlini*. Mais ceci est mieux encore.

---

(1) A Naples,	une *piastre*	vaut 12 carlins,	soit 5 f.	10 cent.
	un *ducat*	10	4	24
	un *taro*	2	0	85
	un *carlin*	10 grains	0	42
	un *grain*	0	0	21
	un *tornese*	0		

N'apercevons-nous pas un de ces bons frères qui, muni d'une perche à l'extrémité de laquelle est attachée une sorte de bourse, longe la grève, au-dessus du mur du quai, et promène son récipient de barques en barques, partout où il voit des touristes en humeur de faire une fugue sur le golfe, à cette heure matinale? Pendant que M. Valmer me montre cette nouvelle façon de quêter, Emile m'en désigne une autre du doigt. C'est un des frères mendiants qui, voyant une manne de provisions prête à faire l'ascension d'un cinquième étage à l'aide de la corde, sourit à la servante, qui répond par un signe de tête affirmatif, et notre moine de prendre le dessus du panier, c'est-à-dire de s'adjuger ce que bon lui semble et d'exécuter cette razzia avec une prestidigitation que ne désavouerait pas Robert-Houdin.

Cependant mon fils, dont l'estomac bat la diane au point du jour, et fait entendre la chamade à neuf heures, part pour le café de l'Europe, au Largo San-Ferdinando, près de Tolède et de San-Carlo. Donzelli passe pour le premier glacier de Naples, et c'est chez lui que se rend la bonne société, non-seulement en l'honneur de ses glaces et de ses sorbets, mais aussi pour ses déjeuners et ses dîners. Du reste, Emile se garde bien de déjeûner à la façon napolitaine. Il dédaigne le petit pain trempé dans un sorbet ou une glace, avec accompagnement d'un verre d'eau glacée. Je trouve, d'ordinaire, en face de monsieur, quand nous allons le chercher, des *frutti di mare* de premier choix, étalés sur leurs algues vertes, des cailles de Capri, finement rôties, une grasse anguille des Marais-Pontins, quelque curiosité culinaire nouvelle, enfin de ces délicieuses petites figues fraîches, rouges de sang au-dedans, dont Fenimore Cooper aimait par-dessus tout la saveur, et de ces exquises petites oranges de Palerme que nous connais-

sons sous le nom de *mandarini*. Et, pour arroser le tout, un vin
de Falerne, ce vin brûlant, chanté par Horace, rien, rien que ça !
Pour moi, plus modeste, je me contente du classique *cioccolata*,
pris à l'hôtel, et qui mérite bien la réputation que Naples a faite
à ses chocolats.

Emile, une fois lesté, nous voici circulant dans cette ville de
Naples, que peuplent 203,000 hommes et 214,000 femmes. Tu vois,
ma très-chère, que notre sexe l'emporte sur l'autre, le féminin sur
le masculin, le beau sur le laid, de sorte que si nous voulions faire
une révolution dans le royaume des deux-Siciles, notre force nu-
mérique aiderait à nos ruses félines, et nous aurions des triom-
phes. Donc, le nez en l'air, le front au vent et les yeux jouant de la
prunelle, nous cherchons fortune, c'est-à-dire nous étudions de
près, dans ses mœurs et dans ses habitudes, cette étrange population napolitaine. Certes ! tout homme aime sa tête, rien de plus
naturel ! Mais il n'est pas un être au monde comme l'Italien pour
prendre soin d'orner son chef, et tenir à ce qu'il soit toujours et
partout, calamistré, lustré, lissé, musqué, pommadé, bouclé et
rasé de frais. Ce qu'il y a de *frisori* à Turin, à Bologne, etc., est
incalculable. Par le nombre, c'est le premier corps d'état de la péninsule. Mais à Naples, c'est mieux encore. Il n'est pas un largo,
pas une strada, une via, un vico, un vicolo, voire même une calata
et une salita qui ne compte par douzaines les *sallassatori*, les *per-
ruchieri*, car on en est encore à ce vilain mot de perruquier à Naples. Je dois dire, à la gloire de la France, qu'à Naples les coiffeurs
les plus en vogue sont français. Quant aux coiffeurs napolitains,
ils signalent leurs *établissements* par l'application, au-dehors, de
quinze à vingt plats à barbe en cuivre, étincelants et de grande di-
mension. Cette sortes de miroirs aux alouettes produit sur l'homme

le même effet que sur les pauvres oisillons, et amène la pratique.

Rien n'est fatiguant comme de circuler dans Naples. La marche
y est constamment entravée par dix mille obstacles. Il n'est pas
jusqu'aux églises qui ne dressent, en avant de leurs façades, de
somptueux et vastes reposoirs, rétrécissant la voie publique. Cela
veut dire que c'est fête dans l'église, et à Naples, c'est fête presque
tous les jours. Aussi, gare aux pétarades de deux à trois cents
boîtes, pendant les offices, et le soir, grrrrrand feu d'artifice. Mais
ce n'est pas tout. Les rues sont occupées, remplies, comblées par
tous les corps d'état, et ces milliers d'artisans de toutes sortes, sans
s'inquiéter en rien du passant, du flâneur, du touriste curieux,
travaillent en pleine rue, au risque de vous éborgner, de vous
meurtrir et de vous fouler. C'est un système commode pour le Napolitain qui aime le grand air, mais malsain et parfois fatal pour
celui que ses affaires appellent au-dehors. Ainsi, nous connaissons
dans la Colonie-Française un monsieur, qui, en passant dans une
rue, assez large cependant, faillit être transpercé par la lame d'une
épée, qu'un armurier, qui la fourbissait, poussa rudement en
avant, sans s'inquiéter si quelqu'un venait à lui. A cette occasion,
ma chère Pauline, je vais te conter une aventure dont nous avons
failli rester victimes.

C'était un matin, dans le quartier le plus encombré de Naples,
près du Mercato del Carmine, où grouillent les descendants du fameux Thomas Aniello, Masaniello, si tu aimes mieux. Les églises
n'étant habituellement ouvertes qu'à l'heure des messes, nous les
visitions. Nous sortions de la petite *Chiesa di San Pietro ad Aram*,
où la tradition raconte que saint Pierre, accompagné de saint Marc,

son disciple, étant parti d'Antioche, la neuvième année après l'Ascension de N. S., vint élever le premier autel de Naples, et y célébrer la première messe après de longs voyages, etc., et nous pénétrions dans la longue *Strada Egiziaca Forcella*, lorsque nous voyons venir, d'un côté, un troupeau de bœufs aux cornes menaçantes, et, de l'autre, un corricolo lourdement chargé. La rue, remplie d'ouvriers agissant en tous sens, ne nous offrant aucun abri, nous nous rejetons au plus vite dans la rue transversale la plus proche, étroite et sale, celle même qui va de San Pietro ad Aram au Largo del Mercato, la *Strada Lavinajo*. Mais celle-ci est plus encombrée encore. Par une étrange fatalité, le terrible corricolo tourne, comme nous, et s'engage à fond de train dans la Strada Lavinajo. Emile, marchant en avant, se trouve dégagé; mais M. Valmer et moi, qui le suivions, nous sommes serrés de si près dans le sillon, à peine ménagé au milieu de la rue par les vendeurs et les ouvriers, qu'il ne nous reste d'autre moyen d'échapper à la poursuite du corricolo, que de nous ranger contre des sacs de fruits. A peine collés contre ces sacs, le corricolo fond sur nous, et va m'atteindre... Nous reculons, les sacs tombent, nous tombons avec eux. Mais ma chute est si heureuse, au point de vue gymnastique, que mes deux jambes sont repliées sous moi. Quant à M. Valmer, moins prompt dans ses mouvements, et me croyant blessé, il s'affaisse à son tour, mais ne peut plier que la jambe droite; l'autre, repoussée par les sacs, s'allonge forcément en avant, et la voilà... sous la roue de l'infernal corricolo, chargé de dix-sept à dix-huit corps de lourds paysans, et de grosses paysannes de Pocignano ou de Ponticelli!... Juge de notre effroi ! Emile a vu l'accident. De sa canne il fait pleuvoir à grands tours de bras une grêle de coups sur le dos du cocher, et sur les épaules des paysans, qui baissent l'échine, mais ne s'arrêtent pas pour si peu. M. Valmer, lui, ras-

Mœurs napolitaines　　　　　　　　　　　　　　　　　　**2**

suré pour moi en me voyant sourire, songe à sa jambe. Il lève le bas de son pantalon. Un affreux sillon violacé, sanguinolent, aux lèvres déchirées, se montre... A cette vue, notre homme n'a que le temps de se soulever, et, avisant un ignoble fauteuil délabré, qu'un savetier, travaillant en pleine rue, quitte à l'instant même, il se jette dessus, et s'évanouit... Grand émoi dans la Strada. Un rassemblement se forme; les femmes m'environnent, se saisissent l'une de mon ombrelle, l'autre de ma mantille; elle font autour de moi un concert de plaintes et d'effroi de toutes sortes. Cependant déjà trente personnes entourent notre ami. Un capucin le prend par le bras droit et lui tâte le pouls; un soldat lui saisit le bras gauche et lui frappe dans la main. Puis survient le savetier, qui, s'emparant d'un vase rempli d'eau dans lequel trempe du cuir, de sa grosse main noire, asperge le visage de M. Valmer, et lui promène ses doigts mouillés sur le visage. Hélas! ces mains... déteignent, il faut voir! sur le front, sur les tempes, sur les joues, sur les lèvres du patient... Bientôt, sous cette opération, la face du bon Valmer se change en une tête de nègre, et une immonde pluie dégoutte sur sa chemise blanche. Heureusement, le blessé revient à lui et semble tout étonné de se trouver, comme un criminel sur l'échafaud, entre un soldat et un capucin. Mais il se rappelle bien vite l'aventure, et voulant mettre fin à cette scène, il se lève, essaie de marcher, sent que sa jambe n'est pas fracturée. s'avance alors avec effort, et monte dans un carrossello qu'Émile a fait venir en hâte. Toutefois, comme nous apercevons une pharmacie, nous y entrons. Le chef de la maison juge très-grave l'accident, reconnaît son incompétence, et néanmoins profite de l'occasion pour nous faire payer au prix d'une piastre une fiole... d'extrait de saturne d'une valeur de vingt grains. Nous quittons alors la foule qui nous entoure encore, que nous saluons et qui nous adresse mille vœux, surtout les femmes, et nous courons aux *Gradoni di Palazzo*, où le savant signor Berncastle commence, séance tenante, par purger M. Valmer, qui rit le premier de l'originalité du fait, puis prescrit des sangsues et envoie notre pauvre ami se coucher.

En somme, M. Valmer en a été quitte pour six jours passés au lit. Le docteur Contini, le plus habile médecin de Naples, homme très-distingué, marié à une française et français de cœur, lui a donné les soins les plus éclairés, et il n'a pas été trop à plaindre. Mais, en réalité, nous devions un cierge à San Pietro ad Aram, et il l'a eu. Les braves gens de la Strada Lavinajo, et notamment le savetier, ont aussi reçu nos largesses ; car nous pouvions être tués, ou au moins irréparablement blessés par le carricodo, tant est grande l'incurie de la police de Naples...

— Ανανγχη ! a dit Victor Hugo dans sa Notre-Dame de Paris.

— C'était écrit ! s'écrie l'Arabe, quand lui survient un malheur.

— Fatalité ! murmure l'homme du Destin.

— *Jettatura !* fait le Napolitain.

Le Napolitain croit à la jettatura et aux *jettatori !* On n'entre pas dans une maison de Naples, qui se respecte tant soit peu, sans voir à la porte principale, dans le vestibule, ou à une entrée quelconque, une effroyable paire de cornes qui menacent de vous embrocher. C'est contre la jettatura et le jettatore que ces cornes agissent. C'est le talisman le plus énergique pour repousser les maléfices, le mauvais sort, tout sortilége généralement quelconque dirigé contre la maison et ses habitants, car *jettatura* veut dire *sort jeté* ; pour éborgner le *mauvais œil,* car jettatori signifie homme qui *jette un sort* en vous regardant de travers.

Vous ne rencontrez pas un Napolitain, voire le plus vulgaire, comme la plus fashionable des Napolitaines, qui ne porte à sa montre, en guise de breloques, une longue petite corne de corail, où une main de même matière, dont le pouce et les doigts du milieu sont fermés, tandis que l'annulaire et le petit doigt sont tendus, et vous font des cornes. C'est donc là l'antidote, le préservatif et la sauvegarde contre les sortiléges et les donneurs de sorts, jettatura et jettatori.

Les jettatori sont nombreux à Naples, et fréquentent la jettatura. On le dit du moins, et surtout on le croit.

A notre arrivée à Naples, nous avions des lettres de recommandation pour divers membres de la Colonie Française. Nous nous empressâmes de les porter. On appelle *Colonie Française* les familles de France venues à Naples pour y exercer la banque, le commerce, ou pour y vivre peu importe dans quel but. Elles font corps de nation, au nombre de trois mille membres peut-être, et, sans se voir, sont désignées sous le titre de Colonie Française, uniquement parce qu'elles ont pour appui naturel, dans les difficultés qui peuvent se rencontrer au vis-à-vis du gouvernement et des particuliers, le consul et l'ambassadeur de France. Or, la première question que l'on nous adressa dans l'une de ces familles la mieux posée, fut celle-ci :

— Avez-vous des cornes ?

Et, sur notre réponse... dubitative d'abord, puis absolument négative après explication, on nous donna, très-chaleureusement et d'une façon sérieuse, le conseil de nous munir de ces précieuses amulettes destinées à nous préserver de tout danger. Pour assurer davantage notre salut corporel, et nous déterminer à prendre des mesures de prudence, on poussa même le dévouement et la générosité jusqu'à faire don à mon fils d'une charmante petite corne montée en or, d'une part, et de l'autre, comme on jugea que javais fait la sourde oreille, et que je me montrais récalcitrante à l'endroit de la jettatura, un beau matin je trouvai ma montre décorée d'une délicieuse petite main du plus beau corail rose faisant les plus jolies cornes du monde à tout venant.

Restait M. Valmer qui n'était pas pourvu. Je songeai bien à le mettre à l'abri de tout danger, en lui donnant une main d'ivoire que j'avais vue chez Giustiniani, à Tolède. Mais le souvenir de son péril s'enfuit de ma mémoire. De son côté, le digne homme dédaigna la sauvegarde du talisman, et même se permit maintes railleries à l'endroit des cornes. Aussi, quand advint le terrible accident qui faillit lui coûter une jambe, et qu'il en fut question à la Colonie Française :

— Aviez-vous une corne? lui demanda-t-on.

— En vérité, je ne le crois pas... fit-il. Je pourrais presque dire : Non !

— Alors jettatura ! cria-t-on de toutes parts.

— N'avez-vous pas rencontré, la veille de votre accident, ou dans les jours qui l'ont précédé, quelqu'un qui vous aura regardé d'une façon méphistophélique? dirent à notre blessé les visiteurs entourant son lit.

— J'ai souvenance, répondit-il, que près du Môle, le matin à midi, au Musco Borbonico, et le soir, au Corso de la Chiaja, j'ai vu un même personnage à face machiavélique ornée de lunettes bleues, en perruque, la peau huileuse, l'habit croisé sur la poitrine, habit rapé! et les mains cachées dans les goussets de son pantalon, enfin le feutre rejeté en arrière, qui se porta vers moi, et me regarda avec une fixité désespérante, et une persistance sardonique, qui me firent monter le rouge au front...

— Jettatore! C'était un jeteur de sort, mon bon!... fit l'interlocuteur de M. Valmer.

Tu le comprends, ma bien-aimée Pauline, de ce moment, vaincu, abattu, foulé aux pieds sur son lit de douleurs par la jettatura triomphante, M. Valmer s'est muni d'une paire de cornes qui ont au moins cinquante lignes d'envergure. Il voulait d'abord les appliquer à son chapeau : mais, toute réflexion faite, il s'est contenté de les placer aux breloques de sa montre, comme tout le monde. Mais, en allant à Rome, il doit acheter, dans les Marais Pontins, une tête de buffle qu'il fera momifier, et qu'il appliquera à tout jamais dans son antichambre.

Donc, comme je te l'ai dit plus haut, chaque matin, nous visitons deux, trois ou quatre églises, selon leur importance, pour nous recommander à Dieu, et pour étudier les monuments religieux de la ville. Je vais mettre sous tes yeux le croquis de celles que je suppose devoir t'intéresser davantage.

A l'est de Naples, et à peu près au centre de cette partie de la ville qui est la plus ancienne, et que l'on peut appeler la Ville-Basse, on voyait encore au XIIIe siècle les larges ruines d'un temple de Neptune. Charles I d'Anjou résolut de construire une église au vrai Dieu sur cet emplacement. Mais son œuvre, interrompue par le drame des Vêpres Siciliennes, fut reprise par Charles II, et mise à fin par Robert, sur les plans, et sous la direction du célèbre *Masuccio*. C'est le *Duomo* actuel, la cathédrale, l'église de San Gennaro, le bien-aimé patron de la ville de Naples. Cet édifice, placé entre quatre tours à *sextes aigues*, style alors appelé *architettura Angioina*, et orné d'un frontispice superbe, ouvrage de *A. Baboecio da Piperno*, a la forme d'une croix latine, à trois nefs, formées par cen¹ dix-huit colonnes de granit oriental, de marbre africain, et de précieux et rare cipollino, provenant d'édifices païens. Sa voûte est décorée de peintures dues au pinceau de *F. Santafede*, *V. Forli et F. Imparato*. Elle est d'un grand effet religieux, auquel ajoutent encore ses riches ornements, et les deux églises ou chapelles de S. Restituta, et de San Gennaro, dont les entrées se montrent, la première à gauche, et la seconde à droite, dans les nefs latérales du Duomo.

Le premier objet d'art que l'on remarque est un vaste *bassin* de basalte égyptien, orné de masques bachiques, de thyrses et de festons de lierre, ayant, sans nul doute, servi à contenir l'eau lustrale des anciens. Aujourd'hui cette cuve tient lieu de *Fonts-Baptismaux* et signale l'entrée.

Au-dessus des deux portes latérales, à l'intérieur, deux superbes tableaux sur bois, peints par *G. Vasari*, représentent, l'un la Nativité de N. S., l'autre, les saints Protecteurs de la ville de Naples.

La porte principale a pour décoration les *tombeaux de Charles I d'Anjou*, *de Charles-Martel*, roi de Hongrie, et de *Clémence*, sa femme, érigés, en 1599, par le vice-roi d'Espagne, comte Olivarès.

Au lieu de candélabres, le maître-autel est flanqué de deux mer-veilleuses colonnes du plus précieux jaspe-sanguin.

Dans le transept de droite, *Chapelle des Minutoli,* fondée au VIII° siècle, par la famille de ce nom. La partie supérieure de cette cha-pelle, qui ne fait point partie du transept, mais ouvre seulement sur le transept, est ornée de peintures, malheureusement restau-rées, fresques de *T. degli Stefani,* qui offrent les portraits fort cu-rieux de tous les Minutoli en costume religieux-militaire du temps où ils vivaient.

L'autre transept, celui de gauche, à côté du splendide *Tombeau du pape Innocent IV,* laisse voir, en la cherchant quelque peu, en-castrée dans le mur, à côté de la sacristie, une simple pierre tom-bale. Mais cette pierre tombale porte le nom et cache le corps ensanglanté du malheureux André, frère du roi de Hongrie, et époux de Jeanne Ire de Naples. Sais-tu quelque peu cette histoire ? Deux mots pour te la rappeler :

Jeanne, fille du grand Robert d'Anjou, n'avait que seize ans lorsqu'elle monta sur le trône de Naples. Elle venait d'épouser An-dré, frère de Louis, roi de Hongrie. Dès le début de ce règne, la cour de Naples se montra brillante et voluptueuse. Plus avides de plaisirs que de gloire, les jeunes époux semblaient ne devoir s'occuper jamais des affaires publiques. Aussi les ambitieux affluè-rent-ils autour d'eux. Mais, tout-à-coup, Jeanne et André lais-sèrent voir des prétentions rivales à l'endroit du pouvoir. Devenus jaloux l'un de l'autre, ils cessèrent de s'aimer, et commencèrent à se haïr. En voyant les courtisans corrompus comme ils l'étaient, le prince hongrois se prit à montrer une rudesse demi-sauvage. Humilié de n'être que l'époux d'une reine, et de porter seulement

le titre de Juc de Calabre, il menaçait Jeanne à tout propos, cor-
respondait avec le Pape pour obtenir le titre de roi, et faisait peindre une hache et un billot sur l'étendard destiné à proclamer sa
royauté future. Ces imprudences amenèrent un complot. Parmi ses
suivantes, la reine affectionnait surtout *Philippine*, une Catanaise
aussi belle qu'astucieuse. Celte femme, née pour l'intrigue, erra
dans l'ombre, cherchant des conjurés, qu'elle trouva. Pour mieux
agencer ses menées, elle eut l'adresse d'envoyer les époux se ré-
concilier, en passant la saison d'automne de 1345, au monastère
de San-Piétro-di-Morone, près d'Averse. Or, un soir qu'André de-
visait avec Jeanne, les camerieri font subitement irruption dans
la chambre royale, annonçant au prince la venue de Naples, de
nouvelles fort importantes. Jeanne pâlit. Un frisson lui courut
dans les veines, et son cœur se prit à battre, car elle comprit ce
dont il s'agissait. En effet, le duc de Calabre traversait à peine une
galerie voisine de son appartement, qu'il est entouré dans les ténèbres, saisi par des mains invisibles, et traîné sur un balcon
suspendu à une grande hauteur. En même temps il sent son cou
s'enchevêtrer dans un lacet de soie. C'est en vain qu'il dégaine,
et fait même couler le sang : une force supérieure le soulève, et
perdant pied, il est lancé dans le vide. L'infortuné ne tombe à terre
que pour expirer étranglé. L'Europe entière murmura d'indignation. Le pape Clément VI évoqua l'affaire. Il y eut des tortures et
des géhennes : la Catanaise mourut même dans les tortures de la
question ; mais la vérité refusa de se faire jour. Alors un pieux
chanoine de San-Gennaro, *Orsio Minutolo*, de la famille des Minutoli, s'empara des dépouilles d'André de Hongrie, et vint les ensevelir derrière la pierre tombale en question.

Saluons ce dernier gîte d'un grand de la terre, et allons, par la
nef de gauche, visiter S. Restituta.

Une petite porte, fort modeste, donne accès dans la *Basilique de Santa-Restituta*, jadis Temple d'Apollon, dont dix-sept colonnes antiques ont pu servir à composer les trois nefs de l'édifice actuel. C'est en cet oratoire que, au IVᵉ siècle, se réunissaient les premiers chrétiens, à Naples, pour y célébrer les Saints Mystères. A ce titre, combien cette étroite enceinte n'est-elle pas vénérable ? Ce fut sous Constantin, et par son consentement, en 324, que l'on fonda la basilique, sous le vocable de S. Restituta. Nous y voyons en cubes de verre coloré l'image de la sainte Vierge, ayant à ses côtés saint Janvier et sainte Restitude ; et, comme cette représentation fut la première madone que Naples posséda, le nom de *S. Maria del Principio* lui fut donné. Cet ouvrage est antérieur à 1329. Nous remarquons aussi deux bas-reliefs en marbre, fort curieux, débris d'*ambons*, des premiers âges de l'église. Je dois te signaler aussi de fort beaux sujets sacrés, traités en mosaïque, à la façon byzantine du XIIIᵉ siècle.

De la porte de la basilique à la grille de la chapelle de saint Janvier, il n'y a d'espace que la nef du Duomo. Mais il serait trop long de te décrire les merveilles de ce sanctuaire, Comme nous assisterons, le 19 de ce mois, au Miracle du Sang, ce sera le moment d'esquisser la chapelle du Saint.

Son corps repose dans une fort belle et très-petite crypte, placée immédiatement sous le maître-autel de la cathédrale. Rien de plus calme, de plus recueilli que ce saint asile, où j'ai bien prié pour tous ceux que j'aime.

En sortant de la cathédrale, après avoir traversé le Largo qui la précède, on voit béante, devant soi, une porte cochère, que l'on peut franchir. On est dans le *Couvent des Bénédictins*, et une entrée latéral vous donne accès dans l'*Église de San-Domenico*, qui peut passer pour un très-bel édifice gothique. Erigée en 1289, par l'architecte *Masuccio* I, pour l'accomplissement du vœu que fit Charles, duc de Calabre, lorsqu'il tomba entre le mains de Roger de Loria, cette chiesa fut restaurée, en 1446, par *Novello de S. Lucano;* mais sa noble architecture gothique disparut en partie, pour faire place à un style fort capricieux. Les brillantes couleurs dont on a cru l'embellir choquent l'œil, et font un étrange contraste avec le style pur, sévère et hardi qui forme son caractère primitif.

Dans la seconde chapelle à gauche, en entrant dans l'église par le portail, on trouve sur l'autel une fresque, représentaut N. D. des Grâces, par *A. Tranco*, et de chaque côté, deux panneaux oblongs, sur lesquels *Maestro Stefanone* a peint, sur champ doré, sainte Madeleine et saint Dominique.

Après la troisième chapelle se présente un quatrième autel, qui possède la grande merveille du lieu : C'est le Crucifix qui, d'après la légende, se prit à parler un jour à saint Thomas d'Aquin, un des religieux de ce monastère, en 1272, et lui dit :

— *Bene scripsisti de me, Thoma; quam ergo mercedem recipies ?*

Sur quoi, le docteur angélique répondit :

— *Non aliam, nisi Te, Domine...* (1).

---

(1) — Vous avez parfaitement parlé de moi, Thomas : quelle récompense désirez-vous?

— Nulle autre , Seigneur , que votre amour !

En effet, c'est dans le cloître attenant, que vécut, professait, et sans doute composait son sublime ouvrage, *l'Imitation de J-C.* l'illustre savant Thomas d'Aquin. Nous y avons vu sa cellule, et un fragment du pupitre sur lequel il travaillait.

Je ne vais pas énumérer, ma chère Pauline, tous les trésors artistiques qui enrichissent cette église : Saint Joseph, par *Giordano;* Descente de Croix, de *Zingaro ;* Vierge aux poissons, de *Raphaël ;* Résurrection, par *Donzelli*, etc., etc., etc. Mais je te conduirai dans la sacritie, et je te recommanderai de ne point te livrer à l'effroi, en présence du spectacle qui nous y attend.

D'abord, au plafond, remarque et admire ces fresques magnifiques de *Solimène.* Mais aussi, en prenant cet escalier fort étroit, monte avec nous sur ce large balcon, qui fait galerie tout autour de la sacristie. Comme Santa-Chiara est le Saint-Denis des princes de la maison d'Anjou, San-Domenico est le Saint-Denis des princes de la maison d'Aragon. C'est te dire que nous sommes ici parmi les morts, et toutes ces caisses longues, décorées de crépines de velours, d'écus, d'armoiries et de bannières, ce sont leurs tombeaux. Soulève ce cercueil ent'rouvert ? C'est le cadavre d'un Petrucci. Il porte encore ses vêtements espagnols, à demi-rongés pas le temps. Cette autre bière que surmonte un portrait vêtu en franciscain, c'est le célèbre marquis de Pescaire, mort à trentesix ans, et si noblement pleuré et chanté par sa veuve, Vittoria Colonna. Ci-gît, Ferrante Ier, d'Aragon. Ici repose Fernante II. Voici la reine Jeanne, son épouse. Que la mort est hideuse, quand elle remplace la vie, même sur la figure d'une femme qui fut belle! Oui, ce squelette est celui de Jeanne, cet autre celui d'Isabelle d'Aragon, femme de Jean Sforza de Milan, et celui-ci, réduit en poussière, n'est autre que Marie d'Aragon, marquise de Vasto. Dis-moi, chère, si l'effet de tous ces tombeaux, ainsi placés sur une estrade aérienne, et composés de coffres recouverts de velours cramoisi, n'est pas étrange et bizarre?

♦

Mais éloignons-nous, et, en sortant par le Largo S. Domenico, examine cet obélisque de marbre ouvragé, qui le décore en l'honneur du saint. C'est un riche monument, commencé par *Fasanga* et terminé par *Vaccaro*, mais qui est de mauvais goût.

A mon avis, l'église la plus intéressante après San-Gennar, comme disent les Napolitains, en supprimant l'o final, c'est la *Chiesa Santa-Chiara*, — prononcez *Kiara*; — c'est-à-dire Sainte-Claire. Elle est située dans le voisinage de Tolède, sur les limites de la ville basse. Mais il faut la chercher, car elle est séparée de la *Strada S. Chiara* par une dépendance du *Monastère de Sainte-Claire* qui l'entoure. Autrefois d'un gothique délicieux, et peinte par *Giotto* et son colloborateur *Maestro Simone*, on l'admirait sans réserve. Aujourd'hui, modernée, sans nef aucune, ruisselante d'or, de cinabre et de vermillon, elle offre une grande ressemblance avec la salle de spectacle du palais de Versailles. Ce qui achève de compléter cette ressemblance, est que, les rois de la maison d'Anjou ayant choisi Santa-Chiara pour leur sépulture, comme on a placé leurs tombeaux en une sorte de galerie de pourtour, on croit les voir appuyés sur le coude dans leurs cercueils, et, morts, cherchant à voir passer les vivants. Derrière le maître-autel s'élève le grand et beau sépulcre du roi Robert d'Anjou, par *Mazuccio le Jeune*, 1350. Le vieux roi est représenté là sous le double caractère de roi et de moine franciscain. Tout ce fond de l'église est occupé par les tombes plus ou moins riches de Jeanne Ire, de Naples , en 1382 ; de sa sœur Marie ; d'Agnès, fille de Marie et femme de Can Grande della Scala, et d'autres princes et princesses. La curiosité artistique qui vient après ces tombeaux , est la *Madone della Grazie* , de *Giotto* , qui , seule, a échappé au stuc et au badigeon.

En face de l'église , s'élève une œuvre fort remarquable de *Mazuccio le Jeune* , 1328. C'est un *clocher* , dont le premier ordre est toscan, le second dorique, et le troisième ionique. Il est inachevé ; mais tel qu'il est , on le regarde comme un modèle parfait de ce genre de construction.

En quittant Santa-Chiara, on traverse le *Largo Trinita Maggiore* , et presqu'en face de Santa-Chiara on entre dans la *Chiesa Gesu Nuovo* ou *Trinita Maggiore* , de 1584, dont la belle coupole, avec la Gloire du Paradis, peinte par *Lanfranc* , fut détruite par le tremblement de terre de 1688. Il n'en reste plus que les quatre Evangélistes des angles. Mais si l'œuvre de Lanfranc est disparue, l'œuvre de *Solimène* reste (1)   et c'est une merveilleuse et vaste composition , manquant d'unité , mais splendide d'autre part. Elle est placée au-dessus de la porte principale, et occupe toute cette partie de l'église. Cette fresque représente Héliodore , chassé du Temple.

Au centre du Largo Trinita Maggiore . se dresse un obélisque en marbre , de style contourné , ondulé , à la date de 1747 , et qui a nom *Guglia della Conceptione.*

Parallèlement à la Strada Santa Chiara , et partant du chevet

---

(1) *F. Solimène,* Nocera de Pagani, 1657 — 1747,

de l'église des Jésuites que nous quittons, il est une autre rue, la *Strada dei Tribunali*, qui conduit vers l'orient de la ville, à la *Vicaria*, prison de Naples, immense, noir et antique bâtiment, dont la vue et les affreuses fenêtres grillées donnent le frisson, et en même temps *Palais-de-Justice*, où sont tous les tribunaux; et, à la *Porta Capuana*, la Porte de Capoue, le quartier infâme de la cité. Nous avons à voir, de ce côté, plusieurs monuments qui méritent notre visite.

Voici d'abord *San-Filippo-Neri*, appelé aussi la *Chiesa dei Gerolomini*. C'est une des plus belles églises de Naples. Sa façade est de marbre, mais surtout l'intérieur en est décoré avec magnificence. Là, comme dans Gesu-Nuovo, brille au-dessus de la porte principale une fresque magnifiquement belle, Jésus chassant les marchands du Temple, par *Luca Giordano*. La coupole et la voûte sont peintes à fresque, par *Solimène*, et on y trouve son beau talent. Nous y admirons aussi la riche chapelle de Saint-Philippe-de-Néri, dessinée par *G. Lazzari*.

Dans la sacristie, autre véritable église, on trouve une Rencontre de Jésus et de Jean, charmant ouvrage de *Guido Reni*, puis un saint François, du *Tintoret*; un saint André, de *Ribeira;* une Sainte famille, de *Mignard;* la lutte de Jacob avec l'ange, de *Palma-le-Vieux;* les Apôtres, par le *Dominiquin*, etc., etc., et un fort beau Christ en ivoire. C'est un véritable musée.

Un monastère, qui possède une bibliothèque de dix-huit mille volumes, de soixante manuscrits, parmi lesquels le fameux Sénèque du XIVe siècle, avec de belles miniatures de *Zingaro*, dite *Bibliothèque des P. de l'Oratoire* et fondée en 1720, est annexé à cette église.

Arrivés à la Vicaria, ou bien à la porte de Capoue, qui en est voisine, on voit, à sa gauche, une rue fort large, qui a nom *Strada San Giovanni a Carbonnara.* On doit la monter, car elle est en pente, et, à son extrémité, à droite, il faut gravir une plate-forme dont une église de peu d'apparence couronne les assises, C'est la *Chiesa San Giovanni a Carbonnara.* Entrons : cet édifice n'est pas sans intérêt, car nous devons y rencontrer de magnifiques tombeaux, si tant est que l'on puisse appeler magnifiques les palais de la mort. Cette église, adossée à un vaste couvent d'Augustin, et surmontée d'une coupole grise, n'a rien de remarquable comme architecture; mais son autel, composé de marbres précieux, décoré de statues, de bas-reliefs et d'ornements de tout genre, mérite d'abord notre examen. Ensuite, après et derrière l'autel, voici déjà l'un de ces tombeaux qui appellent notre admiration. Il renferme la dépouille mortelle de *Ladislas*, que fit inhumer ici sa sœur, la reine Jeanne II, en 1414. L'auteur de ce chef-d'œuvre est l'habile *A. Ciccione.*

Passons sous l'arcade que forme le tombeau de Ladislas, et nous voici dans la curieuse *Chapelle de Caracciolo del Sole*, toute couverte des fresques du dernier élève de Giotto. *Leonardo da Bisuccio* et enfin la *Tombe de Caracciolo.* Quelle magnificence pour un tombeau ! On est triste quand on rumine le *Vanitas vanitatum* de l'Evangile, en face d'un sépulcre grandiose comme celui du beau Caracciolo, étoile tombée, grandeur déchue, gloire éteinte, et puissance oubliée ! Ce n'est jamais qu'un cercueil...

Je te fais grâce des autres tombeaux de San Giovanni à Carbonnara, et en ceci j'ai mon intention, car je te conduis encore à un pèlerinage funèbre... Descendons, vers le golfe, et, prenant la

Strada Forcella qui conduit au Largo del Mercato, entrons dans
cette très-petite *Chiesa del Purgatorio*. Ce n'est qu'une chapelle
bien modeste, mais de douloureux souvenir. Tiens, près de l'autel,
regarde ce tronçon de piperne... Ne vois-tu pas deux fentes pro-
duites comme par deux coups du tranchant d'une hache? Eh bien!
en effet, ce tronçon de piperne servit de billot de justice à un
bourreau de Naples, pour frapper deux nobles têtes d'enfants, et
les abattre l'une après l'autre, le misérable! Voici l'histoire en
deux mots :

Conradin, fils de l'empereur d'Allemagne Conrad IV et dernier
rejeton de la famille de Hohenstaufen, né en 1252, n'avait que
trois ans lorsqu'il perdit son père. Il héritait alors de la triple
couronne des Etats de Germanie, de Naples et de Sicile. Mais, à
cause de son jeune âge, dépouillé de ses états par son tuteur, Mainfroi, il vit ce prince, fils naturel de Frédéric II, profiter de la
mort de son frère Conrad pour monter sur le trône de Naples et de
Sicile. Mais alors le Pape Urbain IV, ayant excommunié Mainfroi,
prêcha une croisade contre lui et donna ses états à Charles d'Anjou, frère de notre Louis IX ; et enfin Mainfroi étant mort en com-
battant contre Charles, dans la plaine de Grandella, près de Bénévent, en 1266, Conradin, devenu grand, prit les armes et disputa
la possession du Royaume de Naples à Charles d'Anjou. Hélas!
notre jeune héros, qui comptait à peine seize ans, fut vaincu par
le prince français, à Tagliacozzo, en 1268, et, conduit à Naples
dans les prisons del Carmine, après un simulacre de jugement,
il fut amené un jour sur ce Largo del Mercato qu'entourent les
demeures des lazzaroni, et cruellement décapité sur ce tronçon de
piperne, à l'endroit même où un simple corroyeur du quartier fit
ériger cette chapelle. Jadis les fresques représentaient les horribles scènes de cette affreuse tragédie.

Mœurs napolitaines.   3

Conradin ne mourut pas seul dans ce jour fatal. Son cousin *Frédéric de Bade*, dernier rejeton de la famille d'Hapsbourg, qui avait suivi son parti, laissa sa tête au bourreau, après lui, et sur le même billot.

Charles I d'Anjou fit dresser une colonne de porphyre surmontée d'une croix sur le lieu de leur supplice. Ceci était un hommage; mais ce qui devint une injure fut le distique suivant que le prince fit graver sur la croix :

Asturis ungue, Leo pullum rapiens Aquilinum,
Hic deplumavit acephalum que dedit. (1)

Voici la colonne de porphyre, la croix et l'insolent distique. Puisse le Seigneur pardonner à ceux qui se servent de l'épée Mais pour avoir souillé sa victoire par la cruauté, les Vêpres Siciliennes punirent Charles d'Anjou, et l'infortuné Conradin fut vengé.

J'ai visité cette chapelle aux dernières lueurs du jour, un soir, alors qu'elle était remplie de lazzaroni et de leurs femmes. Si leur piété eût été vritablement éclairée, certes, je l'eusse admirée. On donnait la bénédiction du Saint-Sacrement; l'orgue faisait entendre de mélancoliques symphonies, et j'aimais à suivre ses derniers soupirs qui allaient s'éteignant peu à peu. Mais alors la voix criarde, torrentueuse, glapissante des femmes couvrait ces doux murmures de si furibondes clameurs de litanies, que je dus un moment me fermer les oreilles. Je remarquai surtout une vieille femme, dont le regard hébété errait à l'aventure, qui hurlait avec rage et

(1) Le Lion, saisissant le petit de l'Aigle dans ses serres de vautour, ici-même, l'a déplumé et lui a brisé la tête.

mettait, à précéder le chant des autres de quelques mesures, une obstination telle que je dus quitter la place.

A l'occasion des offices et cérémonies saintes, à Naples, je te dirai que le caractère napolitain se montre à nu dans les églises, comme partout ailleurs. Le peuple y arrive en foule ; il s'agenouille devant les Madones peintes de couleurs vives, devant les statues de Madones richement habillées surtout, car tout ce qui frappe les sens l'impressionne davantage. Alors il baise les pieds de la Sainte, et ceux du divin *Bambino*, comme on dit ici, et le fait baiser à ses enfants. Des mères font faire de même aux poupons qu'elles allaitent. On les voit mouiller leurs doigts de l'huile qui brûle dans les lampes basses, s'en frotter les yeux, le front, les bras, toute partie du corps qui peut être en souffrance ; on les voit placer en *ex-voto* des masques en cire autour des Saints auxquels une guérison quelconque peut-être due ; et puis elles parlent au Saint, image ou statue, comme on le fait à une personne que l'on rencontre ; ou bien elles se jettent à terre, prient, gesticulent ! Un jour, c'était précisément dans une rue voisine de la Strada Egyziaca, où M. Valmer faillit laisser sa jambe, j'entends des cris, des hurlements, tout comme si le quartier se mettait en émeute. Ce bruit semblait sortir de *l'Eglise de l'Annunziata*, une très-belle église, de *Luigi Vanvitelli*, avec une coupole hardie, quarante-quatre colonnes superbes du plus beau marbre, d'ordre corinthien, soutenant la grande corniche, aussi de marbre, et huit paires de colonnes doriques décorant la *confession*. J'entre : on prêchait. A l'entour de la chaire étaient groupés deux ou trois cents hommes et femmes du bas peuple, dont les yeux brillants suivaient tous les mouvements du prêtre. Parlait-il avec plus de feu ? gesticulait-il avec plus d'énergie ? Hommes et femmes de crier, de hurler, de sangloter, l'œil sec, la bouche béante. J'écoutai : on parlait de l'enfer. Le prédicateur reprochait aux chrétiens leur endurcissement, et leur recommandait d'éviter les flammes éternelles qui torturaient tant de victimes, leurs amis peut-être, leurs parents, pères, mères ! Sur ce, grincements de dents, poitrines meurtries, bras levés au ciel, clameurs sans nom, tohu-bohu de terreur et d'effroi. Vint un moment où le prêtre, saisissant le crucifix, rappela que c'était pour ces fautes, dont nous sommes si prodigues, que le Fils de Dieu souffrait de la sorte. Sa voix s'anima, il y eut un *rinforzendo* dans ses vibrations. Le peuple ne voulut pas être en retour. Il fit entendre un si formidable *crescendo*, sa voix criarde tonna de telle sorte, il y eut de si affreux piaillements et des glapissements tellement stridents ; les poings et les bras se levèrent, les visages s'irritèrent, les yeux s'injectèrent de sang d'une façon si menaçante, que je crus à une bataille générale pour venger les gehennes de l'Homme-Dieu ; et j'allais m'enfuir, lorsque soudain le prêtre disparut, et toutes ces gens de se sourire, de se lever, de se signer, de s'en aller, et, à peine dans la rue de se livrer aux causeries du voisinage, tout comme si de rien n'était. Que dis-tu, Pauline, de cette étrange impressionnabilité ? A tout ceci, j'ajouterai que, nonobstant la magnificence un peu mondaine des églises, car dans un grand nombre on reconnaît le ciseau espagnol, le service sacré laisse beaucoup à désirer. Ainsi le linge d'autel est sale, fripé, souvent même déchiré ; les ornements du clergé sont fanés, usés, mal choisis, de mauvais goût. Nous avons vu des messes servies par de petits lazaronni en guenilles, où, ces petits polissons, au lieu du recueillement nécessaire, causaient, riaient, oubliaient de répondre, oubliaient de servir, et contraignaient l'officiant à les rappeler à l'ordre, par un regard et un bruit de langue fort mal séant en pareil lieu.

Encore une ou deux Eglises dont les richesses de l'art nous convient, puis je te conduirai à la fête de la Madone de l'Arc, et enfin ce sera fait, tu n'auras plus que mes baisers à recevoir.

Dans une ancienne rue voisine du Castelle-Nuovo, dite *Stradda delle Correge*, maintenant *Medina*, se trouvait jadis le Palais-de-Justice. Une chapelle, étroite, sombre, y était attenante; mais cette petite chapelle était plus riche que la plus riche église, car *Giotto*, le fameux Giotto l'avait ornée des trésors de sa palette. Ses fresques, divisées en huit compartiments, représentaient ici les sept Sacrements, et là le Triomphe de la Religion. Chose bizarre! Dans le Sacrement de Baptême, il avait peint en costume de cour du XIV° siècle les portraits de Laure et de Pétrarque, et dans le Mariage celui de Dante. Ces peintures étaient spécialement remarquables pour l'elégante beauté des têtes de femmes. Dans le Triomphe de la Religion, on voyait le roi Robert I°r, par ordre de qui peignait Giotto, et Charles l'Illustre portant, déployées, leurs royales bannières semées de fleurs de lis d'or. Il advint que Jeanne I°re de Naples, ayant, comme je te l'ai dit, laissé son mari, André de Hongrie, tomber sous les coups de la Calabraise, et donnant son cœur et sa main à un second époux, Louis de Tarente, elle le fit couronner avec elle, le 15 mai 1352, dans cette petite chapelle. Alors, en mémoire de cet heureux événement, elle fit construire une église qu'elle nomma l'*Incoronata*, à laquelle se rattache le bijoux du Giotto. C'est ce joyau, égaré dans une rue populeuse, oublié par la foule, c'est de cette perle sans prix que j'ai vue, admirée, revue et admirée encore, que je voulais te dire un mot.

Au risque de mettre à bout ta patience, je veux te parler du magnifique *Clocher del Carmine*, qui, vu de la place du Marché, ou de la mer, produit le plus bel effet, tant il est gracieux, et surtout de la *Chiesa del Carmine Maggiore* qu'il signale. Dis-moi si cette église mérite que je te la signale! D'abord elle fut témoin et un peu théâtre de la révolution faite par Masaniello, qui y est enterré, sans que l'on puisse désigner l'endroit où il repose. car quand M. Valmer le demanda :

— Chut! lui fit tout bas un vieux prêtre, vous dites là un nom que l'on ne doit jamais prononcer à Naples...

Ensuite, c'est là que sont également inhumées les deux pauvres victimes de Charles d'Anjou, Conradin et Frédéric de Bade.

Cette Eglise fut fondée et reçut son nom de quelques Carmes, à leur retour du Mont-Carmel, d'où ils apportèrent une Madone peinte en noir et la dévotion à cette Vierge. On voit, en effet, 'la Vierge noire, peinte sur bois, placée sur un autel qu'Elisabeth d'Autriche fit décorer lorsqu'elle vint ensevelir la dépouille de son fils Conradin, et celle de son cousin Frédéric, après leur supplice. C'est sous cet autel du Sanctuaire, que reposent les infortunés princes, et ces trois lettres indiquent seule leur tombeau, *R. C. C.* Mais le roi de Bavière, Maximilien II, en 1847, fit aussi placer dans l'église une fort belle statue du jeune roi vêtu de la pourpre, la couronne sur la tête et l'épée à la main. Cette statue est l'œuvre de *Thorwaldsen*, qui la modela, et de *Schopp*, qui la sculpta. Mon cœur de femme a saigné en voyant sur un des bas-reliefs du piédestal l'image de Conradin s'arrachant des bras de sa mère pour aller reconquérir son royaume, et sur un autre le même Conradin, vaincu et condamné, embrassant Frédéric de Bade, avant de marcher à la mort.

Cette Eglise des Carmes, voisine du lieu qui vit ce drame cruel, possède un crucifix miraculeux que l'on conserve dans un tabernacle. On l'expose à la vénération publique seulement le premier et le dernier jour de chaque année. On raconte que Naples s'étant révoltée contre Alphonse d'Aragon, ce prince mit le siége devant la ville, et dressa son camp sur les bords du Sebeto, petite rivière qui passe entre Naples de Portici, non loin de l'Eglise del Carmine. De là, le canon commença son œuvre. Or, un des boulets envoyés par le roi d'Aragon s'étant dirigé vers cette église, fracassa la coupole, brisa le tabernacle, et devait écraser la tête du Crucifix, lorsque sa tête se baissa sur sa poitrine, et le boulet passant au-dessus du front, alla faire un trou dans la porte, enlevant seulement la couronne d'épines du Sauveur.

Cent vingt-deux Eglises à Naples! Et je te parle tout au plus de six à huit : certes! tu vois que je t'ai ménagée!

Maintenant, à la Madone de l'Arc...

Au pied du Vésuve, du côté de la Somma, c'est-à-dire au nord, et non loin de Naples et de Portici, dans une plaine pittoresque que capitonnent les jolies villages de Ponticelli, Cercola, San-Sebastiano, etc., on voit une charmante Eglise d'un style gothique et moderne tout à la fois, qu'abritent d'un côté les bâtiments d'un couvent de Dominicains par lesquels elle est desservie, et de l'autre un hôpital de pauvres, soignés par les mêmes religieux. On l'appelle *Madonna del Arco*. Voici l'histoire de la Madone de l'Arc :

Jadis, il y a de cela sept ou huit siècles, une image de la Mère de Dieu était peinte en plein vent sur une sorte d'arc, ou arcade, sous laquelle des joueurs de boule se réunissaient chaque jour pour

faire leur partie. Un jour, l'un de ces manants eut la fatale idée
de s'en prendre à la sainte image du peu de succès qu'il avait au
jeu, et, ramassant une grosse pierre, il la lui jeta brusquement
à la face en y joignant de sacriléges paroles. Or, la pierre frappa
l'œil de la madone, et aussitôt cet œil enfla, devint bleu et tout
sanguinolent. A cette vue, les compagnons du criminel restèrent
d'abord glacés de terreur, puis repoussèrent loin d'eux le coupable. A ce moment, le seigneur du village, sortant de son château
et surpris de quelques paroles qui lui vinrent aux oreilles, demanda l'explication de ce qui se passait, et, indigné du crime,
exigea que son auteur fût pendu sur-le-champ. Aussitôt, le misérable impie est accroché à l'arbre le plus voisin; mais celui-ci
courbe la tête, incline ses branches, se dessèche, craque et tombe,
écrasant le coupable sous son poids. Alors le noble sire fit élever
une petite chapelle et y plaça dans le sanctuaire l'image mutilée,
qu'il détacha pieusement de l'arc qui la portait. Le pèlerinage à la
Madone de l'Arc devint bientôt célèbre dans toute l'Italie. On y
arrivait de toutes les parties de la péninsule, et ses jours de fête
furent tellement courus qu'ils appelaient non-seulement les pèle-
rins, mais aussi tous les larrons des pays circonvoisins. Aussi
advint-il qu'une femme de Portici, étant venue à la foire qui avait
lieu en même temps que la fête, dans le double but de faire le
pèlerinage et de vendre son porc, un porc qu'elle engraissait depuis huit mois, se livra sans vergogne à une étrange fureur quand
elle vit que, durant sa prière et ses dévotions à la chapelle, on lui
avait volé sa bête.

— Si jamais je viens en pèlerinage à la Madone de l'Arc, dit-elle,
je veux voir mourir mes deux pieds !

Toute colère s'efface, toute menace s'oublie... L'année suivante, voici notre femme de Portici qui arrive avec des bouquets pour la Vierge, et un autre porc pour la foire. Mais à peine a-t-elle mis le pied dans la chapelle, qu'elle se sent prise de froid aux pieds, et qu'elle ne peut plus marcher. Elle se souvient alors de son imprécation : elle se repent. Mais il est trop tard; jamais plus elle ne marcha. Si, je me trompe. La pauvre percluse s'était fait mettre dans une pauvre carriole, parcourant villes et villages, tendant la main et quêtant. Elle avait fait un vœu pour réparer sa faute : celui de faire reconstruire la chapelle de la Madone, mais sur un plan nouveau et avec plus d'élégance. La pauvre pénitente réussit, et, le jour même où elle posa la première pierre de l'église actuelle, elle sortit de sa charrette et marcha.

Nous sommes allés à Madonna del Arco, ma chère amie. J'y ai vu l'autel surmonté de l'image mutilée de la Mère du Sauveur. Il est enrichi de pierres précieuses et de diamants, mais il attire beaucoup moins de regards que le tableau dont il est le piédestal, car cette peinture antique et grossière avec l'œil de la Vierge, meurtri, sanguinolent, vous cause une impression indéfinissable. On est ému, surpris tout à la fois, et il y a tant de douleur, de bonté, de pardon et en même temps d'indignation dans ce regard, qui n'a rien d'humain, que malgré soi l'on frisonne. Mille, dix mille *ex-voto*, placés à l'entour de l'Église par ceux que la Vierge miraculeuse a exaucés, vous rappellent la protection de la Madone. Ce sont de grands et petits cercueils commandés par ceux que la Vierge à rappelés à la vie; et puis d'énormes quantités de figurines de cire, coloriées comme nature, et représentant des parties du corps humain, guéries par la sainte Madone, bras, jambes, bustes, etc. Mais dans le trésor de l'église, il y a des offrandes d'un autre genre : Parures de diamants et de pierreries, couronnes de rois et diadèmes d'empereurs, manteaux d'une richesse incomparable, témoin celui que donna Charles III, et qui a une valeur de 18,000 ducats d'or, etc., etc., etc...

Je ne te décrirai ni la foire, ni la fête de la Madone de l'Arc. Jeux, saltimbanques, danses, pétarades, musiques, brouhaha sans pareil, c'est le bonheur du Napolitain. J'ajoute que, nonobstant les plaisirs et le bruit, une grande piété se manifeste dans l'église, où l'on prie avec amour.

Nous revenions, un soir, de la Madone de l'Arc, au moment où se couchait le soleil, et nous arrivions sur le quai de la Marinella, lorsque nous vîmes le Môle, le Largo di Castello-Nuovo, et les Strade Medina et Montoliveto encombrés de régiments, artillerie, cavalerie, infanterie napolitaine, uniformes rouges, et bleus uniformes. Toute cette armée, rangée en ordre, restait immobile, l'arme au pied, et les fusils reflétant les derniers feux du jour. Tout à coup le canon retentit sur le golfe, et l'artillerie du port et des forteresses répondit à ce signal; les tambours, voilés de crêpes, battirent aux champs, et les fanfares sonnèrent. C'était un amiral napolitain, mort à Ischia, qu'amenait un vapeur de l'État, et auquel on allait rendre les honneurs militaires en le conduisant au Campo Santo. Alors les troupes se mirent en mouvement, les marches funèbres, jouées par les musiques, n'étant interrompues que par les pas cadencés des soldats. A l'arrière des dernières lignes de la cavalerie, s'avançait lentement, tiré par six chevaux, un immense corbillard, couvert de noires draperies, chargé de drapeaux, et portant, couché sur son cercueil, le corps de l'amiral, vêtu de son plus bel uniforme, ganté, rasé, musqué, fardé, comme s'il allait se dresser pour commander une manœuvre aux matelots et aux officiers qui formaient son cortége. On eût pu le croire endormi. Il dormait, en effet, mais du dernier sommeil. Toute une légion de Frères de la Mort, cachant la bigarrure de leurs habits sous un ample manteau noir, et armés de hampes à l'extrémité desquelles flottait une banderole blanche portant le nom du défunt, venait à sa suite, et enfin l'artillerie fermait la marche. Comme la nuit arrivait, des torches nombreuses flamboyèrent au milieu du cortége lorsqu'on pénétra dans Toledo, sur le Largo delle Pigne et la Strada Foria qui lui font suite. Ce fut alors un spectacle fantastique qui impressionnait tristement, car, au milieu de cette mise en scène brillante, on voyait, de loin comme de près, le corps mort dominer la foule, d'abord, et puis l'entourage très-lugubre des Confrères de la Mort, si nombreux à Naples. Nous suivions dans notre voiture, et nous fûmes témoins de la cérémonie.

On pénétra dans le Campo-Santo alors que la lune faisait son apparition au-dessus des collines qui forment son enceinte au nord. Le Campo-Santo de Naples, vaste, accidenté, descendant de la montagne et s'inclinant vers la mer, est très-beau et d'un aspect fort religieux. Avant d'entrer dans les petites allées qui entourent mystérieusement les tombes, comme pour les dérober aux regards profanes, on passe dans la cour d'un vaste cloître très-imposant. Au centre de son portique d'ordre toscan, se dresse, montée sur son piédestal de marbre, la statue symbolique de la religion, tenant une croix, un calice et montrant le ciel. Sur sa base sculptée se détache en bas-relief l'ange du jugement dernier réveillant les morts, au son de sa terrible trompette. Cet ouvrage sublime est d'un artiste napolitain plein de mérite. On le nomme *Angelini.* Sous les dalles de cette vaste cour, sont d'immenses cavaux appartenant aux confréries. En quittant la cour, on entre dans le dédale des allées du Campo-Santo. Il n'y a pas, dans tout le royaume de Naples, de jardin qui soit mieux tenu et plus embelli de fleurs : les roses surtout y abondent et sont admirablement belles. Ce sont des mains pieuses qui entretiennent ainsi ces délicieux parterres, autour des tombeaux renfermant des êtres toujours pleurés. Puis, ce que nous n'avons pas chez nous, ce que possèdent les Napolitains, c'est la simplicité des épitaphes. *Pax!* ce qui veut dire : *Paix!* ai-je lu sur un sépulcre. N'est-ce pas un souhait renfermant tous les autres? Nous avons trouvé, sans le chercher, le tombeau de notre artiste aimé A. Nourrit. Une croix, quelques roses, et une inscription rappelant son nom et celui de ses amis de France, voilà tout ce qui signale que notre célèbre chanteur reposa dans ce lieu, avant d'être rapporté dans sa patrie.

Un peu plus loin que Naples, dans les Calabres, les femmes s'arrachent les cheveux et les jettent dans la tombe de leurs maris ; puis, pendant la première année de leur veuvage, à l'heure de minuit, elles se mettent à la fenêtre de leur chaumière et poussent d'horribles gémissements, comme expression de douleur. Que j'aime bien mieux la coutume des Napolitaines de semer la fosse et ensuite la tombe de leurs enfants de dragées et de fleurs ! Mais je termine ce que je voulais te dire sur le cimetière de Naples, en t'apprenant qu'au dehors du Campo-Santo, il y a toute une ville formant son enceinte et composée de chapelles grandes comme des églises qui appartiennent aux confréries et dans lesquelle on enterre leurs morts.

Lorsque le convoi de l'amiral fut arrivé au cimetière, l'armée de terre et de mer rendit les honneurs par des décharges successives :

le canon tonna une dernière fois, et les musiques jouèrent une symphonie finale. Pendant ce temps, on plaçait le cadavre dans le cercueil d'apparat sur lequel il avait fait le trajet, et on l'enferma dans une chapelle spéciale, où il devra rester quelque temps, afin de permettre de constater sa mort. Après quoi, la terre, une vaste portion de terre placée sous une sorte de halle et saturée de mixtures chimiques dissolvantes qui, en deux mois ronge les corps, s'ouvrira pour le recevoir. Alors ses ossements, dépouillés de leurs chairs par cette opération, seront retirés de cette fosse hygiénique, définitivement enclos dans une bière et déposés dans le tombeau de sa famille. Puis tout sera dit... pour le monde!!!....

Ces précautions, sans exemple ailleurs, furent prises à Naples après le choléra de 1836. Ce fléau sévit d'une façon cruelle dans cette ville. Déjà ses ravages s'étendaient dans la Pouille : mais tels étaient la beauté de la saison, le pur éclat du ciel, la douceur des nuits sans humidité, l'absence des plus légers symptômes, qu'il paraissait impossible de croire à l'invasion du mal. Or, le 2 octobre 1836, il fit son apparition, n'enlevant toutefois alors que six mille deux cents habitants jusqu'au 7 mars 1837. Mais il reparut bien plus terrible, du 13 avril au 25 septembre ; et cette fois ses ravages montèrent à cinquante mille personnes. Dans la seule journée du 28 juin, il en avait fait mourir plus de mille. En moins d'un mois, Naples perdit le sixième de sa population si vive, si bruyante, si entassée.

Cette terre, ce ciel, cette mer dont le sourire appelle de si loin les voyageurs, semblaient redoutables et ennemis. Le nombre des passeports qui, par année, est d'environ six mille, ce qui donne une moyenne de vingt mille étrangers, ne s'éleva pas à la moitié en 1837. Cependant plusieurs de ces étrangers rivalisèrent de zèle et d'humanité avec les Napolitains. On transforma les édifices publics en hopitaux; l'ordre et la décence s'établirent partout, jusque dans les cimetières. Les morts furent transportés de nuit, et placés dans des fosses profondes bien couvertes. L'aspect de la ville ne fut même pas changé. La peur, tant reprochée aux Napolitains, parut alors sans effet sur leurs vives imaginations, et les malades, au lieu d'être abandonnés, furent entourés de soins tendres et empressés. On tenta bien de répandre des bruits de poison; mais le roi se rendit aussitôt dans le quartier infecté, visita les malades, prodigua les secours, les consolations, les espérances; il entra chez les marchands, goûta le pain, le vin, les divers comestibles, et en fit manger et boire à ses aides de camp. Aussi l'exemple profita aux médecins et aux employés, qui firent tous leur devoir.

Mais le héros du choléra fut le nonce Feretti, d'une ancienne famille d'Ancône, depuis devenu cardinal et évêque d'Imola. C'était un homme intrépide et aventureux. Légat à Rieti, en 1831, il avait arrêté une armée de Bolonais insurgés qui marchait sur Rome. Quand éclata le fléau, le prêtre l'emporta sur le diplomate : Feretti distribua tout son argent aux pauvres, la vaisselle même de l'ambassade y passa, et le noble nonce ne quitta pas le chevet des cholériques, dont il sauva un grand nombre.

La lune brillait de tout son éclat lorsque nous achevons de parcourir le Campo-Santo. Rien ne porte à la rêverie comme la lune de cette belle contrée. Elle est si pure et si brillante! Aussi j'avais l'âme émue en parcourant toutes ces allées sinueuses, ombragées d'arbres, parmi lesquels des rayons argentés se jouaient mollement, comme si les âmes des morts cachés sous la terre se visitaient mutuellement. Le recueillement et le mystère de ce dernier asile étaient alors d'une poésie incomparable et sainte.

C'est ainsi, ma toute bonne, que, chaque jour, nous employons nos heures à voir et à connaître Naples. Quand soupire la brise du soir, après le repas lorsqu'il fait encore grand jour, nous montons souvent au *Vomero*, l'une de ces hautes collines volcaniques qui dominent Naples, et sur laquelle est bâtie une partie de la ville, et là, au-dessous du Château Saint-Elme, assis sur quelque pelouse, nous jouissons des splendides couchers du soleil sur le golfe. Ou bien encore, nous visitons les magnifiques villas qui décorent les hauteurs voisines. Ainsi avons-nous vu le *Belveder*, dont le nom vient de ses anciens propriétaires les princes di Belvedere; la *villa Floridiana*, qu'acheta Ferdinand Ier pour en faire présent à la princesse de Partanna, duchesse de Floridia, sa seconde femme; la *villa Regina San Sabello*, la plus vaste et la mieux située de Naples, sur la partie occidentale de la colline de Capo-di-Monte; ou encore, sur le Pausilippe, la plus belle de toutes, la féerique *villa Angri-Doria*, la villa *Barbaja*, la *villa Bucca Romana*, etc.

Près du Château Saint-Elme, mon fils et M. Valmer ont visité la *Chartreuse de Saint-Martin*, qui, dominée par le château Saint-Elme, domine la villa, la bénit et prie pour elle. Ils me disent des choses ravissantes de son cloître, dont ils vantent les fines colonnettes et les délicates sculptures. Mais ils exaltent surtout la beauté de son Eglise, dont *Lanfranc* a peint le coupole, *Guido Reni*, la plus charmante composition de son pinceau, l'Adoration des bergers; *Ribera*, une Cène; *Carlo Maratta*, à l'âge de 85 ans, et c'est un chef-d'œuvre, le Baptême de J.-C ; *Solimène*, le héros de Naples, des peintures latérales ; dans la sacristie, *M. A. Caravage*, le Reniement de saint Pierre ; et, dans le trésor, *Ribera*, surnommé l'*Espagnolet*, son œuvre capitale, la Descente de Croix. Là aussi, dans le trésor, ils ont admiré le triomphe de Judith, suivie d'un nombreux cortége, exécuté en 48 heures, à l'âge de 72 ans, par le célèbre *Giordano*. Malheureusement, les femmes ne peuvent entrer dans la Chartreuse. Il paraît que, d'un certain balcon, la vue sur Naples et tous ses horizons est telle qu'on y demeure en extase. Aussi raconte-t-on qu'un touriste vante cet endroit comme un paradis sur terre, le Chartreux, qui le conduisait, lui répondit :

— Oui, en effet ; mais pour ceux qui passent !...

D'autres fois, partant un peu plus tôt, nous allons du Vomero par la route la plus accidentée qu'il soit possible d'imaginer, jusqu'au sommet d'une montagne, au nord-ouest de Naples, où se trouve, sur un plateau très-élevé, un *Couvent de Camaldules*. Non, l'imagination est impuissante à se figurer l'étendue, la variété et la beauté des sites qui se développent aux regards de ce point culminant. Comme si vous naviguiez, en aéorastat, dans les plaines de l'air, vous dominez un immense espace, le plus somptueusement riche de toutes les contrées, à tous les points de vue : Naples et son golfe, le Vésuve et Sorrente, le Pausilippe et ses ruines, les îles et la mer, mais surtout, surtout les champs de feu avec leurs volcans éteints, dont les cratères sont convertis en lacs, Agnano, Astroni, le Monte Nuovo, sorti de terre en une nuit, le Monte Barbaro, la Solfatare, l'une des soupapes du Vésuve, et les flammes sulfureuses, le Lucrin, l'Averne, Pouzzoles et sa baie, Baïa et ses temples, Misène et son pont, la Mare Morto, et Cumes, et ceci et cela. C'est merveilleux, c'est éblouissant, c'est vertigineux ! C'est à s'agenouiller, avec les bons *Camaldoli*, pour adorer l'auteur de tant de prodiges de nature.

Ou bien, louant une chaloupe, nous faisons, à la tombée du jour, une promenade sur le golfe, le *Crater*, comme on dit ici ; et alors les brises parfumées, les senteurs d'orangers, des accords de harpes et de lyres, des chants de marins, barcarolles et canzoni nous arrivent de toutes parts. L'autre soir, quand nous revenions de l'une de ces navigations nocturnes, nous vîmes le feu se déclarer sur un vaisseau du Port-marchand, et s'élever, en gerbes brillantes, qui bientôt teignirent le golfe, la ville et les navires de leurs reflets. Ce fut un spectacle fantastique. Pas un matelot à bord. Nul être ne vint des quais ou du port même donner quelque secours. On ne peut comprendre une telle apathie. Le vaisseau brûla jusqu'à la flottaison. Tout Naples était là sur la Marinella pour jouir de ce grandiose et terrible incendie. On raconte qu'un mousse, grand amateur d'alcool, et resté seul sur le navire, voulant sans doute se livrer à sa passion en forçant un fût d'eau-de-vie dont le bâtiment était chargé, avec sa lumière, mit feu à une barrique. On n'a pas revu le pauvre enfant. De ma vie, je n'oublierai cet incendie en mer.

Souvent aussi, nous allons sur le môle où se tiennent les improvisateurs dont l'éloquence étonnante, pittoresque et poétique, nous intéresse autant que le peuple qui les entoure. Malheureusement ces improvisateurs deviennent rares. Rien de plus étrange que leur babil ! Leur verve est telle que pendant quatre et cinq heures ils tiennent, suspendus à leurs lèvres, les amateurs, qui ne les quittent que quand se tait enfin l'incroyable improvisatore.

Mœurs napolitaines.   4

C'est M. Valmer qui nous a joué un tour, hier, à la nuit ! Lorsque la journée n'a pas été trop brûlante, nous allons au théâtre de San-Carlo. Ce théâtre, le plus beau, le plus vaste du monde, est si mal éclairé, excepté aux fêtes de gala de la cour, qu'on semble perdu dans son immensité. Nous y avons entendu une jeune Française, *Irma Paul*, cachée sous le pseudonyme italien de *Donati*, qui a une voix charmante et des fioritures dignes de notre célèbre Marie Cabel. Donc, nous devions y aller hier, pour y voir la *Sonnambula*, et y entendre la prima dona de grand renom, la diva *Fioretti*, dont Naples raffole ; or, tu sais que ce théâtre de Naples est la pierre de touche du vrai talent, lorsque voici mons Valmer qui nous manque. Déjà l'heure du repas était venue ; point de Valmer ! L'heure du théâtre approchait ; pas la moindre trace de Valmer ! On envoie un peu de tous les côtés : personne ! Sais-tu bien ce qu'était devenu le digne homme ?

Il était solitairement assis, à la chute du jour, sur des décombres, en face d'une inscription antique, dans l'enceinte des ruines du *Teatro Antico* qui vit jadis et entendit le terrible Néron jouer la comédie et chanter, aux applaudissements forcés d'un peuple nombreux, au moment même d'une éruption du Vésuve et d'un tremblement de terre qui fit écrouler ce théâtre. C'était parmi les gradins épars, les pierres de l'orchestre et les marbres de la scène que M. Valmer errait et méditait, comme un autre Jérémie. Sans doute il reconstruisait, en esprit, les débris du théâtre, et évoquait l'ombre de Néron. Mais si Néron s'était montré à lui, j'imagine que notre ami eût été fort pressé d'abandonner les décombres. Du reste, depuis qu'il est à Naples et qu'il connaît le Pausilippe, Cumes, Baïa, Pouzzoles, Pompéïa et sa rue des Tombeaux, etc., on peut dire qu'il passe la vie parmi ces vieux murs qui jonchent le sol. Il est déjà connu dans la contrée pour aimer à se promener parmi ces ruines en vrai fantôme. Aussi le désigne-t-on sous le sobriquet de *Il spectro Francese di Rovine.*

On commence à voir, à Naples, une comète fort belle et dont on annonce des merveilles. Si vous la voyez à Paris, tant mieux ; si non, je t'en donnerai des nouvelles.

Que penses-tu de mon marivaudage, de mon bavardage, de mon caquetage, ma chère Pauline ? Tant pis, tu penseras ce que tu voudras, pourvu... que tu m'aimes toujours ! N'est-ce pas un peu mon métier de causer ? Laisse-moi donc à mon bonheur, celui de parler, et surtout de parler avec celle qui a une portion de mon cœur, une moitié de mon âme, et dont le cœur et l'âme sont aussi pour moi d'une véritable sœur.

FANNY D...

A Melle C... DESCAVES, A VERSAILLES

Naples, 20 septembre, 185...

Mademoiselle,

Jadis, dans un livre charmant, vous avez décrit l'Alcazar, le Xéniralif, l'Alhambra, que sais-je? tous ces merveilleux monuments dont les Sarrasins ont semé le sol dans leurs courses vagabondes à travers l'Espagne. Aussi je pensais à vous, tout-à-l'heure, au moment de peindre les vieux châteaux de Naples, et, l'inspiration me faisant défaut, je me rappelais, non sans admiration, avec quelle facilité votre plume détaillait sur le papier des joyaux artistiques, dont alors nous croyons voir l'écrin s'ouvrir sous nos yeux. Moins heureux dans mes essais de description, je me donne cependant la satisfaction de vous adresser cette lettre, en vous priant de l'accepter comme un témoignage des doux souvenirs qui me restent de nos entretiens d'autrefois.

A Naples, dont je désire vous parler à certains points de vue, on trouve rarement l'art et la beauté dans les constructions modernes. La nature de la contrée, pleine de sève et de vie, paraît avoir exercé une fâcheuse influence sur l'architecture, et donné à son style un caractère extravagant. A l'exception de l'Hôtel des Finances, dans la rue de Tolède et du Palazzo-Réale, nous ne remarquons, à Naples, aucun monument architectural important, qui, soit à l'intérieur, soit à l'extérieur, ne frappe désagréablement les yeux, tantôt par une surabondance détestable d'ornements et de sculptures, tantôt par une déplorable uniformité, voire même une sinistre nudité. En ceci, je fais même allusion aux églises, dont aucune n'est véritablement remarquable par son architecture; et cependant il y a du choix, puisqu'on en compte cent vingt-deux !

Lorsqu'on arrive à Naples par la mer, on découvre sur le rivage trois forteresses qui défendent le pied de la ville, colosses qui font l'effet de verrues affreusement placées sur une lèvre de corail qu'elles déparent; et on en voit une quatrième, qui, semblable à un casque de géant, protége le front de la cité. Cette dernières est Sant'Elmo, le Château Saint-Elme; et les trois autres qui baignent leurs pieds dans la mer, sont, à gauche, le Castel dell'Ovo, le Château de l'Œuf ; le Castel-Nuovo, au centre ; et, à droite, le Fortino del Carmine.

Mais un de ces vieux manoirs, que l'on ne voit pas parce qu'il est entouré des hautes maisons de la ville, près de la porte de Capoue, et cependant le plus intéressant au point de vue de l'histoire et des souvenirs, est l'antique palais des rois d'autrefois, le Castel Capuano, autrement nommé la Vicaria.

Au temps où le tombeau de la Syrène Parthénope avait fait donner à la ville ce nom fabuleux et poétique, en face du quai actuel de Chiatamone, sortait des eaux du golfe, comme un navire éternellement à l'ancre, une île verdoyante sur laquelle le riche Lucullus avait une villa que l'on nommait *Castrum Lucullanum*, et autour de la villa des jardins, et dans les jardins des viviers, et dans les viviers de ces fameuses murènes, dont les Romains étaient si friands. Mais, les Romains occis par l'épée des Barbares, le Castrum Lucullanum, après avoir servi de prison au misérable et dernier empereur de Rome, Augustule, devint une ruine, que l'apparition du Christianisme fit nommer l'*Ile du Sauveur*. En 1154, Guillaume I, que l'histoire a flétri du surnom de *Mauvais*, à l'exemple de tous les tyrans, voulant assurer sa domination par la violence, fit venir l'architecte *Buono*, et lui commanda de fortifier cette île. Un Castel fut donc élevé, et, comme il affecta la forme d'un œuf, qui était celle de l'île, on l'appella le *Château de l'Œuf*. Ce manoir féodal, agrandi et terminé sous le règne de Frédéric II, en 1221, par les soins de *Nicolas de Pise*, reçut encore de nouveaux accroissements de Charles I d'Anjou, qui voulut y avoir des appartements pour les princes de sa famille, et une salle pour le *Tribunale della Regia Camera*. Enfin, Alphonse Ier d'Aragon, lui aussi, ajouta de nouvelles fortifications aux anciennes, et fit du Château-Fort une prison d'État. Hélène, femme de Mainfroi; plusieurs des Ferrante d'Espagne, et bien d'autres encore, y furent tour à tour mis dans les fers. Rien de plus sinistre que ce Château de l'Œuf, percé de très-rares fenêtres, fort étroites, composé de murailles grises d'un aspect sordide, lézardé par la vétusté, et jurant sur l'ensemble des quais si riants, si gracieux et si pittoresques. Quelques canons hérissent ses créneaux et ses plates-formes; et à cette heure il est la demeure des forçats. Le Château de l'Œuf n'est plus aujourd'hui qu'un bagne.

A partir du quai de Chiatamone, rétréci et masqué par le Château de l'Œuf, en passant par Santa-Lucia, on atteint l'arsenal, les ports, la darse et la douane, qui s'étendent au pied du Palais du Roi, en interrompant les quais. Mais, en tournant ces édifices, on retrouve la mer, et alors on est en face du *Castel Nuovo*, qui élève fièrement ses tours au-dessus du rivage, du Môle, etc., de la darse, de la douane et des ports. Figurez-vous, Mademoiselle, notre ancienne et célèbre Bastille, transportée à Naples par la baguette magique d'une fée, et vous verrez le Castel Nuovo. Cet édifice colossal fut construit sur le plan de *Ciovanni Pisano*, par ordre de Charles I d'Anjou, frère de notre Louis IX, en 1283. Alphonse d'Aragon en agrandit beaucoup les dépendances et modifia les fortifications, qui bientôt passèrent pour les plus formidables du temps. C'est ce prince qui fit élever les cinq tours qui donnent à ce château-fort sa ressemblance avec notre Bastille. Castel Nuovo servit aussi de prison à des conspirateurs : le comte de Sarno, F. Copola, Antonello Petrucci, les comtes de Carinola et de Policastro, etc., y furent enfermés dans la *Torre di S. Vin-cenzo.* Mais ce qui fait la gloire et la curiosité de cette vaste Bas-tille, le voici :

Du côté de la ville, entre deux tours, s'élève un *Arc-de-Triom-phe* des plus beaux, construit, sous Alphonse I d'Aragon, par *Giulian di Majano*, d'après *Vasari*, et par un Milanais du nom de *P. di Martino*, selon les Napolitains. Quoiqu'il en soit, ce monu-ment est remarquable. Il se compose de quatre colonnes canne-lées, d'ordre corinthien, surmontées d'un entablement qui porte cette légende :

Alphonsus Rex Hispanus Sicules Italicus Clemens Invictus.

La Corniche est dominée par trois ordres d'architecture. Le premier est surmonté d'un haut-relief représentant l'entrée triomphale d'Alphonse I à Naples, le 27 février de 1443. On lit sur la frise :

Alphonsus Regum Princeps Hanc Condidit Arcem.

Le second ordre est décoré de quatre colonnes avec deux statues, et le troisième de quatre statues placées dans autant de niches, qui figurent les quatre vertus du souverain. Ce troisième ordre est terminé par un hémicycle surmonté des statues de saint Michel, de saint Antonin, abbé, et de saint Sébastien, œuvre de *Giovanni da Nola*, et placées au faîte de l'édifice par ordre de Pierre de Tolède. Enfin, en outre de ces décorations, l'Arc-de-Triomphe est enrichi d'une quantité de bas-reliefs et de toute sorte d'ornements en marbre, ouvrage des meilleurs sculpteurs italiens de l'époque.

Cet Arc-de-Triomphe forme l'une des entrées du Castel-Nuovo. Ses portes sont de bronze; elles se composent, à leur tour, d'autres bas-reliefs qui rappellent les évènements relatifs à Ferrante I et à la conspiration de ses barons. Dans un des panneaux de bronze on voit un boulet encore incrusté dans le métal. Ce boulet fut lancé par les Français, au siége de Naples en 1505.

La porte franchie, on se trouve en face de *l'Eglise de Notre-Dame-de-l'Assomption*, élevée par Charles I d'Anjou. Les marbres les plus précieux et de riches colonnes en décorent le portail. Quant à l'intérieur, *Jean de Bruges, Donatello, A. Rosselino* et *J. Ribera* ont tous contribué à son ornementation.

En sortant de l'église, si on prend, à droite, un escalier qui mène à une grande salle qui jadis servait de *Salle de Réception* aux primats de la maison d'Aragon, on pénètre dans l'*Arsenal de l'Armée*, car cette salle renferme des quantités prodigieuses d'armes rangées avec la plus grande symétrie. Dans cette immense galerie eut lieu la fête du mariage de la fille du comte de Sarno avec le fils du Duc de Melfi. Mais au milieu des réjouissances, on arrêta subitement les principaux personnages compromis dans la conspiration des barons contre Ferrante I.

Du *Fortino del Carmine*, qui occupe l'angle oriental de Naples, et qui, avec sa grosse tour ronde, ne laisse pas d'avoir une mine assez rébarbative, je vous dirai peu de chose, si ce n'est qu'il fut commencé sous ce Ferrante I, sur le plan de *B. da Majano*, et achevé dans le XVIIᵉ siècle. Il commande le golfe du côté de Portici, et tient en respect le quartier le plus turbulent de Naples, celui des lazzaroni, qui, comme le fameux Masaniello, demeurent dans le voisinage de Largo del Carmine ou del Mercato, et dans les rues qui toutes aboutissent au quai de la Marinella.

Comme je vous l'ai dit au début de cette lettre, Mademoiselle, le château Saint-Elme sert de diadème à la colline qui porte Naples, ou la haute ville, et il commande à la cité toute entière, même à la ville-basse, qu'il pourrait foudroyer, au besoin. On ne connaît pas l'époque de sa fondation : on suppose toutefois qu'il date du règne de Charles II d'Anjou. Il porte le nom de Saint-Elme, qui avait autrefois une église au sommet de la colline. Les fortifications qui l'entourent sont de l'empereur Charles-Quint, et l'architecte militaire L. *Scriva* dirigea leur construction, qui se fit en 1538. L'aspect de ce château est des plus heureux; et s'il couronne dignement la tête de Naples, la Certosa di San-Martino, placée un peu au-dessous, lui tient parfaitement lieu de collier royal. Ces deux édifices donnent au paysage et à l'ensemble de la ville un relief qui en complète la merveilleuse splendeur.

J'ai hâte maintenant de vous faire descendre dans ce vaste pli du sol qui sépare la ville-haute du Vésuve, et dans lequel s'est étalée la ville-base, la partie la plus ancienne de Naples. C'est là que, nonobstant l'espace qu'elles auraient pu se donner, des milliers de rues se sont serrées les unes contre les autres, se faisant régulières, mais étroites afin d'avoir plus d'ombre, et surtout, par incurie, devenant fort immondes. Une vaste enceinte de murs, avec tours, percée de la *Porta del Carmina*, renforcée de deux donjons, le *Fedelissima* et le *Vittorio*, en piperne, et de la Porta Capuana ; bornée au nord de la haute colline de Capo di Monte, au nord-est par les *Campi-Santi*, placés dans la vallée à côté de l'Albergo dei Poveri, et à l'est par la plaine qui s'étend au pied du Vésuve, compose la ville antique.

Pour arriver à l'édifice que je veux vous faire connaître, il faut atteindre la *Porta Capuana*, à l'extrémité de la ville, à l'orient. Cette porte est ainsi appelée parce qu'elle conduit à Capoue. Cette entrée de la ville est ornée de deux tours en piperne, l'*Honore et la Virtu*. Son frontispice est décoré de superbes sculptures dues au ciseau de *G. dà Majana*. Elle vit, en 1140, Roger II entrer à Naples pour la première fois, après qu'il se fut réconcilié avec Innocent II. Elle fut également témoin de la marche triomphale de Charles-Quint, en 1535, lorsque ce prince vint visiter sa bonne ville de Naples.

A l'occasion de ces deux portes que décore le buste de saint Gaëlan, je vous dirai de suite que les deux autres portes de la ville, *Porta Nolana*, flanquée de la *Torre la Speranza*, et de la *Torre la Cara Fé*, et la *Porta San Gennaro*, ornées des fresques du *Calabrais*, aujourd'hui presqu'effacées, sont également décorées du buste du même saint, par suite du vœu que fit la municipalité en l'honneur de ce San Gaetano, lors de la peste de 1656.

Donc, à la droite de la porte de Capoue, dont il prend le nom, voici le *Castel-Capuano*. Y a-t-il rien au monde de plus sinistre que cette antique demeure, vaste assemblage de constructions noires, caduques, tatouées de balafres et de cicatrices, dont les fenêtres grillées, aux baies profondes, vous regardent de travers ? Certes ! on ne croirait jamais que cet immense et lugubre édifice fût le palais des rois de Naples dans les premiers âges de l'ère chrétienne ! Et, si l'on n'y voyait encore au-dessus de la porte l'Aigle d'Autriche et les Colonnes d'Hercule des armes espagnoles, on croirait plutôt que l'on est en face des forges habitées par les Cyclopes et les Cabires de Lemnos. Mais non, c'est bien le château que fonda Guillaume le Mauvais et qu'acheva Frédéric II, qui en fit sa résidence en 1231. Combien de drames sans nom se passèrent dans cette funèbre enceinte ? Nul ne saurait le dire. C'est là que demeurèrent nos princes d'Anjou, Charles Ier et II, le grand Robert, Jeanne Ire de Naples, et c'est de là qu'elle conduisit à Averse, avec des pensées homicides, son époux, Louis de Hongrie. C'est là aussi que *la Catanaise* prépara les engins de mort qu'elle livra aux conspirateurs. C'est là que *Covella Ruffo*, duchesse de Sesse, fit poignarder le favori de Jeanne II, *Sergiani Caracciolo*, dans la nuit du 25 août 1432 ; que les Durazzo et les rois d'Aragon dictèrent leurs lois aux Deux-Siciles ; que les Vice-rois d'Espagne fixèrent leur séjour, d'où fut donné au Castel-Capuano le surnom de *Vicaria* qu'il porte encore aujourd'hui, et qu'enfin vint *Masaniello*, livrer sa tête à la main flatteuse d'un pouvoir qui sut bien vite la faire tomber. Aussi, je vous laisse à penser quels souvenirs rappelle ce manoir, sombre et terrible, à ceux qui se sont pénétrés de l'histoire de Naples, avant de voir la ville et afin de mieux juger les faits. Il semble, quand on a pénétré dans la grande cour de l'édifice, que l'on va voir errer, dans la pénombre, les spectres de tous ces personnages, sous les arceaux des grands portiques qui forment l'enceinte intérieure du palais. Il n'en est rien ; et voici ce qui frappe les regards.

Dans la foule qui afflue du côté de la Vicaria, mouvement tout napolitain, rapide, papillonnant, désœuvré, en quête de nouvelles. Sous la poterne gardée militairement , mais à demi-entr'ouverte, et dans les cloîtres et les galeries de la cour, agitation de mille individus, allées et venues d'hommes à visages rebarbatifs, étrangement costumés; causeries affairées d'autres personnages tout de noir habillés; rires étouffés; paroles oiseuses. Tous ces

gens-là ne paraissent avoir aucun souci des horreurs du lieu, dé
ce lieu tant sinistre....

Comment ne le serait-il pas? En 1540, le vice-roi, Pietro di Toledo, tout en habitant ce palais, y réunit tous les tribunaux qui
étaient épars dans la ville. Ainsi le Castel-Capuano, ou la Vicaria,
devenait le Palais de Justice. Après Pierre de Tolède, et quand
les princes cessèrent de résider dans ce vieux manoir, on conver-
tit tout le rez-de-chaussée de l'édifice en prisons et en cachots, et
l'on attribua tout le premier étage aux prévenus. Or, comme le
Napolitain n'a pas honte de la prison, ne craint pas de s'y faire
mettre, et que les crimes de vengeance, d'homicide, de vols, etc.,
sont assez communs; comme il est d'usage, parmi ces messieurs
de la Justice, de faire durer le plus long-temps possible la préven-
tion des gens arrêtés et de perpétuer, pendant des années, l'instruction d'un crime, il n'est pas étonnant dès-lors que l'aspect de
la Vicaria, à l'extérieur et à l'intérieur, soit funèbre, puisque c'est
un édifice séculaire quant au corps, et le receptacle de l'écume de
la société, quant à l'âme.

Nous avons obtenu, par une protection spéciale, l'autorisation
de visiter la Vicaria. A titre d'humanitaire, c'était bien le moins
que je me rendisse compte de cette terrible prison dont on disait
des horreurs.

Ainsi donc, dans la Vicaria, souvenirs d'autrefois; de nos jours,
Palais de dame Justice.

Des souvenirs d'autrefois, plus de traces. La pioche du maçon a
tout transformé. On fait dire où étaient les appartements des Princes ; mais les modifications qu'ils ont subies ne permettent plus de

les reconnaître. Reste seule la *Grand'Salle du Palais Capuano*.
Elle est telle que la firent les différents souverains ou vice-rois qui
habitèrent la Vicaria. C'était la salle de réception. Elle reçoit encore les joueurs qui veulent bien jeter leur argent dans la gueule
du monstre qui a nom loterie, car dans cette salle qui vit tant
d'illustres héros, le peuple de Naples vient, tous les samedis,
assister au tirage des numéros qui doivent le ruiner ou l'enri-
chir.

On nous avait parlé des cachots de la Vicaria comme d'un épouvantable séjour. On serait tenté de le croire, quand on voit tirer
les énormes verrous de ces antres et que l'on entend rouler sur ses
gonds la lourde porte de fer qui les clôt. Eh bien ! notre surprise
a été grande. Figurez-vous des voûtes passablement élevées, des
murailles blanches et pures, un air salubre, du jour en suffisance.
Seulement, le lit d'étoupes, au lieu de reposer sur une couchette,
est posé à même sur le sol.

Malheur à qui entre dans la Vicaria ! car il ne sait quand il en
sort. Rien de plus lent que l'instruction des causes et leur procé-
dure. Sous prétexte d'augmenter les garanties des inculpés et de
sauvegarder l'innocence, les moindres incidents donnent lieu à
un examen traîtreusement minutieux. Quant à la police, qui serait d'un si grand secours pour éclairer les affaires les plus ténébreuses, zéro. La police n'a l'œil que sur les choses de la politi-
que. Oh ! ne touchez pas à la hache ! par exemple. La police
n'existe à Naples que pour faire la chasse aux barbes d'un certain
genre, aux chapeaux d'une certaine forme, aux habits d'une certaine coupe, aux touristes de certaines contrées. Du reste, tuez-
vous, assassinez-vous, soyez arrêté par des voleurs, détroussé,

pillé, mis à sec, peu emporte ! La police alors est à l'état de mythe: Bien plus, si elle agit, c'est pour son propre compte. Ainsi, un étranger est volé, à minuit, dans la Stada Montoliveto, près de la poste aux lettres : il court à un bureau de police, sur le Largo di Castello-Nuovo, tout près de là. Sa plainte est faite avec chaleur. L'homme qui reçoit sa déposition a sans doute mal aux dents, car il se cache le visage dans son mouchoir? Pas le moins du monde : c'est le voleur lui-même ! — Un malheureux marchand est poignardé devant sa boutique. Les meurtriers prennent la fuite ; les spectateurs du crime en font autant. Ils savent qu'il est mal sain de rester. Un passant, touché du piteux état du blessé, s'approche et le relève. Arrivent les sbires. Faute des meurtriers, le passant est saisi, nonobstant sa bonne action, et on le met en prison. Heureux si on le laisse vivre à l'ombre du cabanon, au lieu de le prendre ou de l'envoyer aux galères !

La police s'occupe spécialement des touristes. Les touristes sont si dangereux, le Français surtout ! C'est un colporteur de révolution... Un jour, je suis mandé à la préfecture de police, moi, moi Valmer, Mademoiselle. Je me rends, l'oreille basse, au Largo di Castello : j'arrive dans un flot de monde qui se bouscule. C'est égal, on me reconnaît soudain, comme si j'étais un hôte du logis, et jugez de mon étonnement quand je m'entends dire :

— M. Valmer, vous resterez à Naples huit jours, huit jours seulement !...

Notez que je suis à Naples depuis un mois bientôt.

Le parloir est la partie la plus excentrique de la Vicaria. Séparés par une double grille, prisonniers et visiteurs s'interpellent brusquement, gesticulent avec animation et se contemplent les uns les autres d'un air de tendre satisfaction. Autant on trouve peu l'expression du remords et des regrets sur le visage des condamnés, autant on rencontre peu celle du mépris ou de la pitié dans les yeux de leurs amis, et surtout de leurs amies, dont, en toute autre occasion, l'empressement et le zèle auraient quelque chose de touchant. Tout ce peuple semble se dire : *Hodiè tibi, cràs mihi* ! C'est ton tour aujourd'hui, ce sera le mien demain. En effet, à Naples, le séjour de la prison n'a rien d'humiliant, comme la présence des forçats dans la rue n'excite aucun dégoût. Au contraire, les petits vols, comme les grands crimes, vous posent en héros : on vous loue presque, on vous admire; tout au moins on vous aime :

— *Caro mio* !... *Povero amico* !... *Poveretta Sorelle* ! etc.,

Telles sont les tendres expressions qui sortent de toutes les bouches, et frappent d'autant plus les oreilles qu'elles sont dites de la façon la plus tendre.

Mais assez sur la Vicaria. Vous pourriez croire que je vous prends pour un procureur-impérial.

Puisque nous avons entrepris une excursion monumentale et que je viens de vous parler de vieilleries, *Anticaglia*, comme on dit ici, par opposition et pour faire contraste, je vais vous crayonner l'édifice moderne du *Palazzo Reale*, la demeure des rois de Bourbon.

C'est d'ordinaire, dans l'après-midi, que l'on peut visiter les édifices civils, à Naples, et c'est à cette heure qu'une aimable famille de la colonie française nous a fait les honneurs du Palais du

Mœurs napolitaines.   5

Roi. Lorsque nous arrivions sur le Largo di Palazzo qui le précède et auquel fait face aussi la colonade de l'église de Saint-François-de-Paul, une parade militaire avait lieu sous le péristyle du palais. La musique de la Garde Royale se prit à jouer soudain. Je ne fus pas peu étonné de voir aussitôt toutes les personnes, en très-grand nombre, qui traversaient le Largo, s'arrêter subitement, se découvrir, s'incliner même, et rester immobiles. On me dit alors que la musique exécutait l'air national bourbonnien, et que l'étiquette exigeait que tout passant s'arrêtât et prît une pose respectueuse. Nous nous arrêtâmes donc, chapeau bas, et nous restâmes muets tant que la musique se fit entendre. Puis, la cérémonie faite, chacun reprit sa marche. Nous pénétrons dans le palais.

Le Palais-Royal de Naples a été construit par le vice-roi d'Espagne, comte de Lemos. *Domenico Fontana* fut choisi pour composer les plans et dirigea les travaux. L'édifice occupe une position magnifique : il est rare que l'on puisse placer aussi agréablement une résidence royale. L'une des façades, décorée de terrasses étagées et que peuplent des orangers, des citronniers, et des arbustes fleuris de toutes les espèces, regarde la mer au loin, les îles bleues qui nagent dans l'éther et sur les eaux, le golfe et son immense enceinte de collines, le Vésuve, les Arsenaux, les Ports, la Bastille du Castel-Nuovo, Santa-Lucia, la Marinella, etc. L'autre façade, celle qui regarde le Largo di Palazzo-Reale, vis-à-vis la Cheisa S. Francesco di Paola, est la plus splendide. Son développement ne compte pas moins de cinq cent vingt palmes napolitaines, et sa hauteur est de cent dix. Ses décorations consistent en trois rangs de pilastres d'ordres différents, placés les uns sur les autres; et gracieusement couronnés d'une immense corniche garnie alternativement de pyramides et de vases. Il ne reste plus de Fontana que cette seule façade. Le reste a été modifié à diverses reprises, mais surtout après l'incendie de 1837. Le Théâtre San-Carlo est accolé à la partie du palais qui regarde la ville, et des jardins et des communs s'étendent sur le dernier côté de ce vaste édifice. La grande cour est ornée de deux rangs de portiques, l'un placé au-dessus de l'autre, auxquels conduit un superbe escalier décoré à sa base des statues colossales de l'Ebre et du Tage. Les vastes appartements de parade, ouverts les grands jours de cérémonie et de gala, pour complimenter le roi, et lui rendre l'hommage du baise-main, sont enrichis de précieuses peintures à l'huile.

Je devrais aussi vous esquisser quelque peu le colossal *Château de Capo de Monte*, placé sur la délicieuse colline de Capo di Monte, qui domine Naples et son merveilleux horizon ; vous raconter qu'il fut construit par Charles III de Bourbon, en 1789, et achevé en 1834, par Ferdinand II, le souverain actuel ; vous faire visiter avec nous les riches appartements qui le composent et occupent les quatre ailes du manoir royal, et les belles peintures qui les décorent ; enfin, vous dessiner les superbes jardins anglais qui lui servent d'encadrement. Mais j'aime mieux occuper votre imagination des fêtes dont Naples est souvent le théâtre, et auxquelles nous avons eu la très-heureuse chance de pouvoir assister.

Le peuple de Naples a toujours été passionné pour les fêtes. « Notre ville, dit la Fiammetta, dans *Boccace*, plus que toutes les autres villes italiennes, abonde en fêtes charmantes et réjouit tous ses citoyens, non-seulement par les bains et les rivages de sa baie, mais par le grand nombre et la variété de ses jeux. Elle doit surtout sa splendeur à ses fréquents tournois. Dès que le mauvais temps do l'hiver est passé, et que le printemps avec les fleurs, l'herbe nouvelle, a rendu au monde ses beautés perdues, que les jeunes esprits, réchauffés par ces beautés et la qualité du temps, sont, plus qu'à l'ordinaire, prompts à montrer leurs désirs, c'est un ancien usage d'inviter, les jours les plus solennels, aux loges des chevaliers les dames nobles qui s'y rendent ornées de leurs plus précieux joyaux. Je ne crois pas que les belles filles de Priam, suivies des autres femmes phrygiennes, quand elles allaient fêter ce roi, offrissent un plus brillant aspect que celui que présentent, en divers lieux, nos dames napolitaines..... Je dis donc que nos princes arrivent sur des chevaux si légers à la course qu'ils surpasseraient, non-seulement les autres animaux, mais encore le plus rapide des vents. La jeunesse, la beauté merveilleuse, le courage qui se montrent en ces princes, les rendent d'un aspect on ne peut plus gracieux. Ils paraissent, ainsi que leurs chevaux, couverts de pourpre et de tissus de l'Inde de diverses couleurs, brochés d'or et garnis de perles et de pierreries précieuses. Leur blonde chevelure, tombant sur de très-blanches épaules, est arrêtée au-dessus de la tête par un mince cercle d'or ou par une petite guirlande de feuilles nouvelles... »

« Quelques-uns de ces tournois napolitains, écrit M. Valery, offrent un singulier contraste de pompe et de barbarie. Pétrarque rapporte qu'il avait assisté, sur la place Saint-Jean-Carbonara, — ce Largo changé en Strada di San-Giovanni à Carbonara, qui s'étend de la Vicaria à l'église San-Giovanni, — à de véritables combats de gladiateurs renouvelés du Colysée des anciens, et exécutés en présence de la reine Jeanne I, du duc de Calabre, André, son mari, de la cour, de l'armée et du peuple, qui applaudissaient avec enthousiasme à ces égorgements. Le bon Pétrarque vit

tomber à ses pieds un très-beau jeune homme, percé d'un glaive...
Glacé d'horreur, il donna de l'éperon à son cheval et s'enfuit de cet
infernal spectacle... »

En effet, le goût des tournois s'était accru à Naples depuis la domination des rois de la famille d'Anjou. Charles I, le superbe fon-
dateur de cette dynastie, était passionné pour ces jeux où son
adresse le faisait briller. Les Annales du temps racontent même
qu'une des causes pour lesquelles saint Louis le vit avec plaisir en-
treprendre l'expédition de Naples, fut qu'il bouleversait la France
par sa fureur pour les tournois.

« Le grand roi, Alphonse d'Aragon, ami des vers et de la musique,
donna, sur cette même arène de Saint-Jean-Carbonara, ajoute M.
Valery, un brillant tournoi, dans lequel les chevaliers de Sicile et
de Catalogne combattirent, en costumes d'anges, contre les chevaliers de Capoue, vêtus en démons. Après la fête, un éléphant de
bois, monté sur des roulettes, parcourut la ville, ayant dans sa
tour un grand nombre de musiciens qui chantaient et jouaient de
divers instruments. »

Du reste, pour montrer jusqu'à quel point le luxe et l'amour de
l'éclat dominait à Naples, même dans les temps reculés déjà, ne
suffit-il pas de rappeler que l'ambitieuse Béatrix de Provence,
femme de Charles I d'Anjou, entrant à Naples, en 1266, était à
demi-couchée sur un carrosse couvert de velours bleu céleste brodé
de lis d'or, et entourée d'une escorte de quatre cents gentilshommes
richement vêtus, spectacle magnifique et nouveau pour le peuple
napolitain. Cette femme avait l'âme chevaleresque autant que le
bras, car elle avait elle-même combattu et battu en Lombardie les
Gibelins alliés de Mainfroi, le ravisseur du trône de Naples au vis-

à-vis de l'infortuné Conradin. A propos de ces carrosses, n'aimez-vous pas mieux, Mademoiselle, comme moi, les chevauchées du moyen-âge dont on attachait les haquenées et les palefrois aux rudes et riches anneaux de fer que je trouve encore partout aux murs extérieurs des palais, en Italie, pendant que leurs maîtres étaient en visite? Les voitures, les litières et les coches, à mon avis, furent une véritable décadence.

Mais parlons de la fête moderne qui égaie Naples, de la *Fête de Pie-di-Grotta*, fête éminemment nationale, fête royale et militaire tout à la fois. C'est tout simplement, quant au fond, un pèlerinage du roi à la Madone de Pie-di-Grotta, ou du Pied de la Grotte de Pausilippe. Mais comme du Palazzo Reale à Pausilippe, il faut suivre l'immense et merveilleuse ligne des quais, on a l'occasion de déployer un cortége militaire d'un aspect splendide, surtout sous le beau ciel de Naples.

Cette fête a lieu, tous les ans, et a eu lieu, cette année, le 8 septembre. C'est Ferdinand I qui institua cette cérémonie religieuse, pour remercier la Madone quand il entra dans Naples, après le départ des Français, en 1799. Tous les rois ses successeurs suivirent ce pieux exemple, même Murat, qui trouva la fête de Pie-de-Grotta devenue tellement nationale, qu'il n'osa pas la supprimer, imita ses prédécesseurs, et fit le pèlerinage.

Dans la semaine qui la précède, les troupes arrivent à Naples de toutes les garnisons du royaume, des étrangers par milliers, et surtout des gens de la Pouille, des Abbruzzes, des Calabres, de la Sicile, dans les costumes les plus curieux, surtout les femmes. Les hommes ressemblent complétement aux brigands de nos mélodrames : culottes courtes, vestes décorées de boutons en chapelets,

chapeau pointu avec rubans et boucles d'oreilles comme des roues
de voiture. Mais les femmes portent l'ancien costume, dont l'ori-
gine se perd dans la nuit du temps, costume superbe de formes,
d'étoffes et de richesses ; boucles d'oreilles à rosette de perles,
justaucorps écarlate galonné d'or, ample jupon plissé à franges
d'argent, bijoux sur la tête et au cou absolument semblables à ceux
que l'on déterre sur les squelettes à Pompéi. Malheureusement
tout cela est fort sale, car on ne nettoie rien dans ce bienheureux
pays, et, comme ces habillements passent de génération en génération, ils portent sur eux la poussière des siècles. La veille de la
fête, la foule la plus bariolée circule dans la ville, et se coudoie en
flots pressés. Pour permettre au bas peuple d'avoir asile, et de dormir, on lui ouvre le jardin du quai de la Chiaja, la Villa-Réale, où
il couche, où il boit, où il mange, et qu'il foule à le rendre méconn-
naissable. Le soir, et pendant toute la nuit, nuit pittoresque au
possible ! les quais flamboient *à Giorno*. On danse la tarentelle au
son du tambourin et des castagnettes, ici ; là on chante, aux accords de la guitare, de ces airs nationaux qui ont un caractère
étrange. Ils tiennent un peu des mélodies arabes, des boléros espagnols, et de l'armonie italienne. Tout ce mélange produit un effet
aussi agréable que bizarre. Les jeunes filles de Naples ne dédaignent
pas de se mêler aux villageois, pour danser et chanter ; et si la
lune veut bien se mettre de la partie, comme elle le fit l'autre soir,
cette nuit joyeuse est une nuit charmante. Partout des boutiques
sont improvisées, et l'on y vend de tout, mais notamment des
thyrses, le thyrse des anciennes bacchantes. C'est une lance ornée
de feuillages, de fleurs, de fruits, de flûtes de Pan et de tambours
de basque. Le calme ne se fait que vers deux heures du matin, et
à peine cinq heures sonnent-elles, que Naples est debout, car il
s'agit de se trouver une place pour le spectacle du jour.

Vous dire l'affluence énorme de curieux qui, dès le matin, en-
combrent les rues, serait impossible. C'est une mosaïque de têtes,
de vêtements, et de coiffures à nulle autre pareille ; les prêtres, les
moines et jusqu'aux religieuses ne manquent pas à l'appel. Vers
midi, on peut signaler à l'œil nu les sergents-de-ville, en uniforme, et le fusil en bandouillère, s'embusquant à l'entrée des
voies les plus passantes. C'est la première fois que je les vois se
montrer avec leurs insignes. Quant à la Strada di Toledo, c'est
une armée de trente mille hommes qui la remplit. Mais quand lui
est donné le signal, elle se met en marche, et défile sous le balcon
du Palazzo Réale, qu'occupent le roi, la reine, et les princes et
les princesses de la famille de Naples, et va former deux haies
immenses dans toute la longueur des quais. Je ne vais pas vous
décrire régiment par régiment, ni l'artillerie, ni la cavalerie, ni
l'infanterie : toutes les armées du monde ne se ressemblent-elles
pas... à la parade? En vérité, les troupes napolitaines, dont les
Suisses font partie, sont belles et bien tenues ; mais, pour les
juger, il serait bon de les voir sur le champ de bataille. Ce que
j'ai le plus admiré, ce sont les musiques et les chevaux. Les premières ont une extrême mélodie qui les rend peut-être moins
guerrières que les nôtres, mais qui les fait trouver plus agréables.
Quant aux seconds, ce sont de petits chevaux siciliens, noirs
comme l'ébène, dont le naseau et l'œil sont tellement rosés, qu'on
croirait qu'ils imitent nos parisiennes, en aidant la nature avec
du carmin. J'ajoute qu'ils piaffent d'une façon si gracieuse qu'on
en reste émerveillé.

Après cette prétendue revue, qui n'est qu'un défilé, et toutes les
troupes ayant pris leurs positions respectives, les ministres, ambassadeurs, le roi, la reine, les princes montent dans leurs voitu-

res, et le pèlerinage commence. Franchement je n'ai jamais rien vu à Paris d'aussi beau, d'aussi majestueux, d'aussi splendide.

Une masse de gardes-du-corps, à pied, culottes blanches, guêtres noires, bonnets à poil, et hallebardes au bras, formée en carré, et précédée de ses tambours, ouvre la marche.

Suit une voiture vide, glaces et or, attelée de huit chevaux blancs, avec harnais or et velours cramoisi, plumes blanches, et quatre valets tenant l'attelage en laisse. On nomme ce carrosse la *voiture du Respect.* Elle doit servir au roi et à la reine, au cas où leur voiture subirait quelque accident. Vous ne sauriez imaginer les mille drôleries que le peuple aime à répéter à l'endroit de ce carrosse, toujours vide, et, en toute occasion, précédant à distance la voiture de L. L. M. M.

Après la voiture du respect, une, deux, trois, quatre, cinq et six autres voitures, plus riche l'une, plus somptueuse l'autre, toutes attelées de huit chevaux, quelques-unes, conduites à la Daumont, s'avancent et laissent voir des généraux , des chambellans, des ministres, et que sais-je?

Quatre gardes-du-corps, casqués, cuirassés, le panache ondoyant, au poing le mousqueton, paraissent alors, largement espacés, et suivis de hérauts d'armes, et de six coureurs, tout comme au moyen-âge, vêtus de soie bleue brodée d'argent, en culottes blanches, en bas couleur de chair, coiffés de ces petits toquets à plumes avec plaque d'or droite au lieu de visière, semblables enfin aux anciens coureurs de nos derniers seigneurs.

Carrosse en argent, couronné de hautes plumes d'autruche agitées par la brise, traîné par huit chevaux blancs de la plus belle encolure tenus par de nombreux valets en livrée royale. Cette fois c'est S. M. le roi Ferdinand II, haut de taille, peu gracieux de visage, en tenue militaire ; c'est S. M. la reine, riche toilette blanche, médiocre stature, visage grave. L'un et l'autre saluent à droite, saluent à gauche. On les acclame avec bruit. Voici donc ce monarque dont le gouvernement mécontente l'Europe ! Les persécutions diplomatiques, dont il a la bonne fortune, font de ce prince une sorte de martyr, presque un héros. Les mérite-t-il ces titres glorieux ? Toujours est-il que ce peuple qu'on dit si malheureux se croit très-heureux. Mais à quoi bon, Mademoiselle, vous analyser un homme que ses actes mettent à découvert. Saluons S. M., et laissons la passer.

Voici venir un autre bataillon des gardes-du-corps à pied, puis un escadron des guides dont la musique fait entendre de joyeuses fanfares, puis une neuvième voiture, à six chevaux, avec escorte de gardes-du-corps, dans laquelle on nous signale le prince héréditaire, enfin jusqu'à vingt autres berlines, où avec escorte de gardes ou de hussards, tour à tour, nous voyons les fils et les frères du roi, ses filles, dont la toilette simple et surtout le visage modeste charment tous les regards, et les dames d'honneur et d'atours à n'en plus finir... Enfin, la marche est terminée par un dernier escadron de hussards précédé de la brillante musique.

Pendant ce long et solennel défilé, tonnent l'artillerie des forts et des châteaux, le canon du port et les couleuvrines des navires en rade; les cloches de toutes les églises font retentir leurs joyeux carillons; le peuple s'égosille et pousse des cla-

meurs formidables; les collines du rivage répètent avec fracas
les explosions de la ville et du golfe; et il y a dans l'air, pla-
nant avec majesté, de ces rumeurs de fête que la plume ne saurait
exprimer.

La famille royale et sa suite descendent en face de l'église,
prient pendant un quart d'heure aux pieds de la Madone; puis le
cortége reprend sa marche entre la haie rouge des suisses et la
haie bleue des soldats napolitains. Enfin la Festa di Pie-di-Grotta
se termine, le soir, par la joie bruyante d'une foule immense
qui ondule dans la ville, et, à la cour, par le gala somptueux qui
lui est propre.

On appelle *gala*, à Naples, la fête de table que donne le roi
dans son palais, et qui, d'ordinaire, est suivie d'une grande représentation dramatique au théâtre de San Carlo, attenant à la demeure royale, et quelquefois, en hiver, d'un bal très-brillant, paré,
masqué, travesti. Les ministres, les ambassadeurs, les généraux,
les officiers supérieurs, tous les personnages de la machine gou-
vernementale, et quelques rares privilégiés, sont admis à ces
galas. Ils ont lieu particulièrement à la Saint-Charles, le 4 novem-
bre, et aux jours gras. L'éclairage est féerique alors, et le service
de la livrée très-attentif. Des rafraîchissements parfaits se distri-
buent avec profusion, et, paraît-il, c'est dans ces réunions splendides que l'on peut juger de la politesse et de la bonhomie qui dis-
tinguent les hautes classes de la société napolitaine. Malgré les
restes d'une certaine morgue espagnole, la souveraineté de Naples
s'y montre généreuse, gracieuse, car elle aime son peuple. Il
arrive même que, pendant le carnaval, le roi qui, le matin, dans
la Strada di Toledo, a reçu des dragées et en a jeté, comme tout le

monde, en compagnie de la reine, laquelle, de son côté, a figuré dans quelque mascarade, se mêle, le soir, à San Carlo, dans la foule des masques, et y affronte gaiement les lazzi et les plaisanteries.

En général, à la sortie de l'opéra, pendant la belle saison, le beau monde va souper à Santa-Lucia, à notre Hôtel de Rome. Alors les tables se dressent sur la terrasse baignée par les flots. On fait cette partie, surtout au clair de la lune, afin de contempler le ravissant spectacle que présente le golfe dans lequel se réflètent l'éclat argenté des rayons de l'astre et les lumières des barques de pêcheurs, tandis que le Vésuve étincelle ou répand sa fumée rougie, qui, peinte d'azur par la lune, dessine un arc-en-ciel dans la nuit.

La fashion napolitaine soupe aussi au Pausilippe, chez Frizzi, qui nous a cependant bien maltraités, nous, étrangers. On s'y rend en calèche, ou en barque illuminée, et au son de la musique. La cour même faisait de ces parties, dans le mois d'août, jadis, et se rendait à la *Pointe de Cajola*, où attendait le souper, tandis que le peuple mangeait, buvait et chantait dans des nacelles le long du rivage ou près du Palais de la Reine-Jeanne.

Mais je m'égare à vous parler de choses profanes, Mademoiselle, tandis que je vous réserve encore le tableau d'une cérémonie sacrée, la *Fête du Miracle de saint Janvier*. Pendant les neuf jours qui précèdent le 19 septembre, jour où le prodige a lieu, et pendant les neuf jours qui suivent, les théâtres sont tous fermés. Les étrangers commencent à arriver, les hôtels s'emplissent, il se fait dans la ville un mouvement indéfinissable. On dresse des arcs-de-triomphe ornés de verres de couleurs; on prépare des transparents, des illuminations; on dispose des échafaudages pour des feux d'artifice. Quelque chose vous dit que le peuple est dans l'attente. Cela seul prouve la vérité du miracle, car si la liquéfaction du sang était l'œuvre du charlatanisme, ce ne serait plus au xixe siè- cle, en face de tous les curieux et de tous les savants du globe, que le clergé chercherait encore à tromper le peuple simple et naïf de Naples. Non certes! les prêtres ne s'exposeraient pas à l'odieux scandale de la dangereuse découverte d'une fraude impie et sa- crilége.

La liquéfaction du vieux sang desséché de saint Janvier s'accom- plit trois fois par an : d'abord le premier samedi de mai, puis le 19 septembre, et enfin le 16 décembre. Or, chaque fois, il excite à Naples et à Pouzzoles, l'allégresse la plus expansive et l'enthou- siasme le plus profond.

Permettez-moi de vous analyser la vie de saint Janvier.

C'était à l'époque terrible où le sang des nouveaux Chrétiens coulait sous les haches et les pinces des bourreaux, où leurs corps étaient livrés à la dent cruelle des bêtes féroces dans les arènes de l'empire et au colysée de Rome. Le pieux évêque Janvier gouver- nait l'église de Ravenne, et Dioclétien et Maximien tenaient la verge de fer qui pesait sur cent peuples vaincus. Lors de la persé- cution ordonnée par ces empereurs contre les adorateurs du Christ, Janvier fut conduit à Nole, non loin de Naples, pour y être pré- senté au tribunal de Timothée, préfet de la province de Campanie. Ce ministre d'un pouvoir despotique comprit bientôt, aux énergi- ques réponses du pieux évêque, qu'il lui serait impossible de l'en- gager à renoncer au christianisme et à sacrifier aux idoles. Aussi le fit-il soumettre aux plus cruelles épreuves pour arriver plus vite à le dompter. Le martyr passa tour à tour par les fournaises ardentes, les chevalets, les tenailles de fer et les bêtes fauves auxquelles il fut jeté comme une proie, en présence d'une foule immense venue de fort loin pour jouir de cet affreux spectacle. Mais, calme et serein au milieu de ces épouvantables supplices, Janvier ne craignit pas de confesser hardiment sa foi, et l'intrépide athlète fatigua la force de ses bourreaux, et par sa vertu puissante éloigna de lui les lions, les tigres et les panthères, qui se mirent à lécher ses pieds sans vouloir lui faire le moindre mal.

Le cirque de Nole était témoin de ce premier prodige. Timothée, transporté de colère, fit attacher Janvier à son char, et, comme, dans l'amphithéâtre de Pouzzoles, on préparait des jeux en l'honneur des empereurs, et qu'on devait y verser le sang d'autres martyrs, le préfet de la Campanie le conduisit à Pouzzoles.

Vous avez vu des amphithéâtres sans doute ! Celui de Pouzzoles ressemble à toutes ces scènes grandioses, construites par les Romains, et où s'asseyait tout un peuple pour savourer l'affreux plaisir de voir mourir des martyrs, s'entretuer des gladiateurs, et combattre des bêtes féroces, soit contre de pauvres victimes humaines, soit entre elles. J'ai visité dans tous ses détails ce théâtre de la passion de Janvier, et j'y ai trouvé ce que je n'ai vu dans aucun autre, soit à Nîmes, soit à Vérône, soit à Capoue, et pas même au Colysée de Rome, les parties souterraines de l'édifice, intactes, nettes, conservées comme si tout récemment encore elles avaient servi. Or, dans l'un de ces souterrains, maintenant converti en chapelle, fut jeté Janvier, saignant, brisé, lorsque Timothée arriva à Pouzzoles, deux jours avant les jeux. Janvier ne devait pas combattre seul pour la foi en cette circonstance.

Festus, diacre de son église, Didier, lecteur, Sosic, diacre de Misène, ville située en face de Pouzzoles, de l'autre côté du golfe, Procule, diacre de Pouzzoles, et deux laïques, Eutychès et Aruntius, devaient mourir avec lui.

Je ne vous raconterai pas le drame funèbre qui se passa à Pouzzoles, en ce jour terrible de la fête des empereurs. C'était le 19 septembre de l'an 305. Comme les bêtes féroces de Nole, celles de Pouzzoles refusèrent de dévorer Janvier. Aussi, afin de ne pas exciter une trop longue émotion qui aurait pu rendre le peuple favorable aux martyrs, Thimothée ordonna-t-il qu'un habile gladiateur tranchât immédiatement la tête des victimes, On les fit donc agenouiller tour à tour sur une pierre de l'arène, et le gladiateur, s'approchant de Janvier, plaça la main gauche sur sa tête vénérable, posa le tranchant du glaive en travers de son cou, et une fois, une seule fois interrogea des yeux le préfet, afin de s'assurer qu'aucun remords ne l'avait saisi à cet instant suprème. L'ordre fatal ne fut pas changé. Aussitôt le glaive brillant dans l'air tomba, et le martyr roula sur le sable, sans la moindre convulsion. On montra la tête au peuple, puis le corps fut entraîné hors de l'arène, par la porte dite de la *mort*, et jeté dans une obscure cellule appelée le *spoliarium*. La terrible exécution continua ; mais pendant qu'elle s'achevait et que la fête des jeux divertissait cette foule haletante, la dépouille mortelle de Janvier fut enlevée secrètement par des fidèles dévoués, venus tout exprès de Bénévent, où ils la transportèrent. Après un long séjour dans cette ville, la précieuse relique du Saint fut apportée à Naples, il y a quelques siècles, et c'est là encore qu'elle se trouve déposée dans une chapelle souterraine, immédiatement placée sous le maître-autel de l'église dédiée au Martyr.

Depuis cette époque le culte de saint Janvier est devenu célèbre dans toute l'Italie, mais particulièrement à Naples et à Pouzzoles, où l'on raconte une foule de prodiges opérés par son intercession. Les Napolitains, entre autres choses, disent que saint Janvier arrêta subitement une éruption du Vésuve, si effrayante, qu'elle menaçait les pays environnants d'une ruine complète. Aussi ne va-t-on nulle part, dans le pourtour du volcan, sans trouver la statue du Saint couronnant les frontons des villas, des palais, des moindres demeures, et, le visage tourné vers la montagne, le bras tendu avec autorité vers le Vésuve, semblant lui défendre d'approcher jamais ses laves dangereuses des propriétés qu'il protége. Sur le *Ponte della Maddalena*, qui couvre le Sebeto, près de Portici, on voit de même une haute et belle statue du Saint, en regard de l'ennemi qu'il conjure. A Pouzzoles, les souvenirs du drame de l'amphithéâtre revivent dans une foule de monuments pieux.

Non-seulement le peuple napolitain considère le saint martyr comme un patron et comme un protecteur, mais encore comme un ami familier qu'il a comblé de ses égards, qu'il enrichit de ses dons, et qui doit, en revanche, lui donner des marques non équivoques de son dévoûment. Aussi, quand il le sollicite, a-t-il la ferme conviction que sa prière sera bientôt exaucée. Si l'évènement attendu tarde trop longtemps, il y a chez lui, comme une sorte d'étonnement douloureux. Puis, quand le délai se prolonge, de la surprise, il passe soudainement à la colère. Ainsi, je vous parlais tout-à-l'heure du Pont de la Madeleine, situé entre Naples et Portici, d'où la statue de saint Janvier, d'une expression saisissante, bénit la mer et protége la ville : tout récemment, alors que le Vésuve était en éruption, et que, malgré les prières adressées à saint Janvier, les coulées de lave brûlante détruisaient sur leur passage les habitations et les cultures, peu s'en fallut que les Napolitains ne brisassent sa bien-aimée statue. Elle porte la trace de la fureur populaire de ce triste jour.

Mais ce même peuple rachète ses égarements passagers par l'ardeur et par la sincérité de son zèle. Il ne passera jamais devant la moindre image ou statuette du Saint, de la Madone, etc., sans saluer aussitôt ; et quand il vous voit saluer avec lui, son visage reflète le bonheur.

Tout d'abord un couvent fut bâti, à Pouzzoles, assez près de l'amphithéâtre où le saint reçut la couronne du martyre. Des pères capucins y montrent la pierre conservée dans un tabernacle, sur laquelle le saint évêque fut décapité. On y voit parfaitement les empreintes du sang.

De Naples à Pouzzoles, une foule d'oratoires sont dédiés au martyr.

Ensuite, dans les catacombes qui s'ouvrent près de l'*Albergo dei Poveri* (1), à l'orient de la ville, à mi-côte de Capo di Monte, on trouve une église antique taillée dans le roc vif par la piété des premiers chrétiens. Là aussi, l'image du saint a été tracée sur les parois du mur. Cette peinture, où l'on reconnaît encore la noble simplicité du style antique, paraît dater du ve ou vi^e siècle, et nous montre saint Janvier dans toute la pompe de ses habits sacerdotaux, lesquels, pour le dire en passant, diffèrent assez de ceux de notre époque.

---

(1) L'*hôpital Saint-Janvier-des-Pauvres* est consacré spécialement à la *vieillesse nécessiteuse*. C'est une superbe construction et un magnifique établissement.

Lors de la peste de 1526, Naples avait fait vœu d'employer 10,000 ducats (1) à la décoration d'une nouvelle chapelle. On se mit à l'œuvre et, sur le côté gauche de la cathédrale dite San-Gennaro, on construisit cette chapelle, qui est une autre église. Or, la dette payée, on se trouva avoir dépensé un million de ducats, c'est-à-dire quelque chose comme 5,000,000 de francs. Sept autels et quarante-deux colonnes de brocatelle, dix-neuf statues colossales de bronze, un maître-autel avec candélabres gigantesques, vingt-sept bustes de saints en argent massif, des tableaux des meilleurs maîtres de l'Ecole-Napolitaine, et une coupole entièrement recouverte de fresques admirables par *le Dominicain*, et qui furent l'occasion de tant d'intrigues et de rivalités, tels sont les principaux objets qui frappent les yeux des visiteurs. On peut bien appeler cette chapelle le trésor de saint Janvier, n'est-il pas vrai, Mademoiselle?

Le *Trésor* proprement dit renferme des merveilles. Outre le buste du saint, en argent doré; outre le reliquaire qui contient les buires pleines de sang, on y voit d'innombrables présents provenant des princes qui ont gouverné Naples. On y remarque surtout le splendide collier de perles fines qui orne le buste du martyr, la croix de diamants et de saphirs offerte par la reine Caroline, et la croix de diamants et d'émeraudes donnée par le roi Joseph Bonaparte.

C'est dans cette chapelle que s'opère le prodige de la liquéfaction du sang recueilli par les fidèles de Ravenne, lorsqu'ils enlevèrent le corps du supplicié au spoliarium, et qui, d'ordinaire, reste à l'état desséché, fouillé, pulvéreux.

---

(1) A Naples, le *ducat* vaut 4 fr.

Trois jours avant le 19, des illuminations commencèrent à an-
noncer la fête. Dans la rue de Tolède, spécialement, on ne voyait
que guirlandes de feux, transparents avec scènes bibliques, devi-
ses religieuses, lanternes vénitiennes, etc. De la rue de Tolède à
la place du Château-Neuf, deux arcs-de-triomphe, reliés par une
avenue de pylônes et des lignes de candélabres, brillaient chaque
soir de feux de toutes couleurs, et attiraient des masses de pro-
meneurs.

Enfin, parut le 19 septembre. C'était hier, dimanche. Vous pou-
vez croire que j'étais arrivé l'un des premiers, au petit jour, à la
Chiesa di San Gennaro. Je n'étais pas seul : quelle cohue déjà ! On
a dit souvent que les fidèles sont tenus à distance et ne peuvent
voir le miracle que de très-loin. Je sais à quoi m'en tenir maintenant, et voici la vérité : La foule, au fur et à mesure de son arrivée, remplit la chapelle, qui est très-vaste, et, quand celle-ci est
comble, envahit les nefs de la cathédrale. Seulement il est un espace spécialement réservé à des femmes et à des hommes que l'on
désigne, à Naples, sous le nom de *cousines* et de *cousins* de saint
Janvier. Leur parenté serait peut-être un peu difficile à établir : ce
ne sont assurément que des *témoins* délégués pour assister au
miracle. On les place contre la balustrade de marbre qui ferme le
chœur, les premiers à gauche, les seconds à droite. Quant au
chœur, il est réservé aux étrangers. C'est vous dire que mes compagnons de voyage, Emile, sa mère et moi, nous étions admirablement placés. Les étrangers ont ici, en effet, un rare privilège
qui leur est accordé, sans doute, afin de ne laisser aucun prétexte
à leur scepticisme. En se présentant dans la sacristie, une demi-
heure avant la solennité, les *San-Gennarini*, gardiens du trésor,
les introduisent dans l'intérieur du chœur ou dans les tribunes qui

le dominent. Les privilégiés qui sont ainsi admis dans le chœur ne se contentent pas de se tenir autour de l'autel à une certaine distance de l'officiant, ils montent sur les marches mêmes, et jusqu'à la dernière, de telle sorte qu'ils touchent le prêtre, qui tient entre ses mains le reliquaire. Alors aucun de ses mouvements ne peut leur échapper, et les yeux les moins clairvoyants peuvent tout suivre et tout examiner.

Avec nous se trouvaient, dans le chœur, des officiers étrangers, des généraux même, des gens qu'à leur teint nous avons pris pour des Espagnols, quelques Italiens, mais surtout, surtout des Français. Quant aux Anglais, ils s'étaient réfugiés dans les tribunes, car il arrive souvent, paraît-il, que si le miracle tarde trop à s'accomplir, comme entachés d'hérésie, on les accuse d'être cause de la difficulté que met saint Janvier à liquéfier son sang.

Huit heures sonnent : le clergé, peu nombreux, se présente ; la cérémonie commence. Pour ce jour solennel, les chanoines de la Cathédrale portent le costume de cardinal, et le doyen du Chapitre est appelé, de droit, à l'honneur de tenir le premier le reliquaire. Mais, comme ses forces peuvent le trahir, il est suppléé par un ou plusieurs de ses collègues, si le prodige est trop lent à s'effectuer.

D'abord un chanoine, vieillard cassé par l'âge, d'une figure douce et recueillie, aidé de plusieurs prêtres, tira du tabernacle le chef de saint Janvier. La tête de saint Janvier, je l'ai dit, est enfermée dans un *buste de vermeil*, qui reproduit les traits attribués par les monuments anciens, et par la tradition au patron de Naples. Ce buste est revêtu des insignes épiscopaux, et orné de joyaux magnifiques. La mître est brodée de perles et d'or. Un col-

lier de grosses perles , à plusieurs rangs, d'un prix inestimable,
retombe sur ses épaules.

Ensuite on sortit d'un coffret , en argent ciselé et doré, le reliquaire qui contient le sang du martyr. Ce *reliquaire* est en argent.
Il est rond , et , pour la forme, il ressemble à une énorme montre,
qui aurait un verre de chaque côté. Le tour , ainsi que le manche ,
sont couverts d'ornements , repoussés au marteau , et portant des
traces de dorure. Ce doit être une œuvre du xvᵉ siècle. Au centre,
enfermées entre les plaques de cristal , se trouvent deux buires ou
fioles , rondes et aplaties, avec un col étroit et court, placées l'une
de face, l'autre de côté. Ces fioles sont très-exactement pareilles à
celles que l'on trouve dans les tombeaux antiques , et que l'on désigne sous le nom de *lacrymatoires.*

Tandis que le célébrant expose le reliquaire, un prêtre met derrière une torche flamboyante, qui permet de voir très-nettement ,
et à deux doigts de distance, comment il est fait, et ce qu'il renferme. Nous y avons regardé à plusieurs reprises , avec la plus
grande attention.

Voici ce que nous avons vu très-distinctement :

La buire placée de face est pleine, aux deux tiers, d'une matière
brune, solide , parfaitement desséchée. La même matière remplit
environ le tiers de la buire mise de côté. Dans l'une et dans l'autre
fiole, la dessication complète paraît remonter à une époque très-
reculée.

Après avoir montré le reliquaire dans cet état à la foule muette,
silencieuse, recueillie, profondément émue, le chanoine descendit

de l'autel, se plaça devant la balustrade, et l'élevant dans ses mains, le fit voir, toujours éclairé par la lumière du cierge, à tous les assistants qui se tenaient au-dehors du chœur. Puis, remontant à l'autel, il commença, à haute voix, des prières que répétaient les fidèles. Ensuite il fit baiser le reliquaire, en l'appuyant alternativement sur la bouche et sur le front de chacun, par tous ceux qui étaient autour de lui. Au bout de vingt à vingt-cinq minutes, épuisé de lassitude, il remit le reliquaire à un autre chanoine aussi vieux, presque aussi débile que lui, et s'agenouilla sur les degrés de l'autel.

Bientôt neuf heures, puis dix heures, puis onze heures sonnèrent. Il se faisait un murmure dans la foule : il y avait de la fatigue, de l'impatience, un peu de colère. On ne priait plus seulement : on murmurait. Ces murmures allaient croissant, comme le flot de marée qui bat la grève. Ils éclatèrent soudain. Alors notre attention fut appelée surtout sur les cousines de saint Janvier.

On a dit que ces femmes appartenaient aux classes les plus pauvres de la ville. Cela n'est pas exact. Leur costume, par sa décence et sa propreté, prouve déjà le contraire ; mais ce qui démontre davantage qu'elles sont d'une autre classe, ce sont les bijoux dont elles sont couvertes sans goût et sans mesure. Ces femmes doivent être ce que nous appelons à Paris des Dames de la Halles. Presque toutes avaient atteint l'âge mûr. Plusieurs se signalaient par des traits d'un grand caractère. Une seule était jeune et belle ; mais son visage, creusé par la souffrance, ses yeux fatigués, son front pâle, révélaient que, pour assister à cette solennité, la pauvre enfant avait dû quitter son lit de douleur. Elle eut fourni, aux inspirations d'un artiste, un admirable motif, avec sa figure noble et touchante, avec son attitude penchée, avec sa coiffure, qui se composait d'un simple linge blanc tourné autour de sa tête et retenu par une large bandelette. Tel était l'ajustement de l'infortunée Beatrix Cenci, d'après le merveilleux portrait qu'en a fait le *Guide*, portrait dont nous retrouvons la copie à Venise, à Florence, à Naples et à Rome. Oh! elle priait bien de tout son cœur, elle, la chétive malade, et certainement elle conjurait saint Janvier de lui rendre la santé!

Nous l'avons dit : les Napolitains composent une population vive, mobile, impressionnable à l'excès. Sa dévotion n'a rien de triste ni de sombre; elle est l'image de ce ciel resplendissant, de cette mer brillante, de cette nature fortunée qu'elle a constamment sous les yeux. Le Napolitain est plein de confiance et d'abandon dans sa piété. Il traite les objets sacrés du culte avec la familiarité naïve et joyeuse d'un enfant. Ce n'est pas lui qui comprendrait nos églises, si graves et si mélancoliques : il lui faut des églises pleines de lumière, de marbre et d'or.

Voilà ce qui fait, qu'impatientes d'attendre le bon plaisir du saint, ces femmes, debout devant la balustrade du chœur, se mettent à couvrir les murmures avec des cris, avec des gestes, avec des paroles, dont aucune description ne peut rendre la physionomie extraordinaire et frappante. Elles s'adressent à Dieu et à saint Janvier, non pas comme à des êtres invisibles, que l'humaine pensée peut atteindre avec les ailes de la foi seulement, mais comme à des personnes présentes, qu'elles voient, qu'elles touchent, et qui vont leur répondre. Les prières de l'Église ne leur suffisent plus. Des paroles de supplication s'échappent de leur bouche avec une verve, avec une véhémence inimaginables. Nous remarquons surtout l'une d'elles, petite femme brune et pâle, au front bas et large, aux yeux percés à la vrille et brillants, au nez court brusquement relevé, à la bouche serrée par les coins, parfaitement laide, mais d'une physionomie pétillante d'intelligence, et offrant une vague ressemblance avec l'esclave antique qui se tient derrière la Fortune, dans le fameux tableau de *Télèphe nourri par une biche*, trouvé à Herculanum. A chaque instant, cette femme se répand en discours enflammés. Elle est intarissable dans son dire : sa voix vibrante ne se fatigue pas. Elle supplie, elle exhorte, elle exige tour à tour avec une gesticulation passionnée, avec une élocution entraînante ;

— Allons, San Gennaro, fit-elle, écoute tes amis, ne te montre pas rétif, aide-nous, et fais ce miracle ! N'attends pas davantage, beau saint à face verte, et songe que l'on espère en toi. Vois tout ce monde qui t'attend : il ne serait pas honnête de le tromper. Ces étrangers, qui veulent bien venir assister à ton prodige, s'en retourneraient-ils donc déçus dans leurs espérances? Que dirait-on de toi là-bas? Voyons, ne nous fais pas honte, et donne-nous satisfaction. Il me semble que nous ne t'avons pas oublié cette année, hein ! N'as-tu pas reçu bien des dons? En espérais-tu davantage? Eh bien ! nous t'en offrirons encore, si tu n'es pas satisfait; mais pour le moment, c'est assez nous faire attendre ! Si tu nous en veux ! je ne saurais dire pourquoi, pardonne-nous, et montre-toi bon et dévoué patron, toi, notre ami, notre frère, toi que nous chérissons. Allons, hâte-toi !

Je renonce à retracer l'expression de sa physionomie, l'accent de la voix de cette femme, pendant que ces paroles, et bien d'autres, se pressaient sur ses lèvres. Il y avait là, sous une forme triviale, une éloquence naturelle vraiment saisissante. C'est ainsi que devait parler Mazaniello, quand il transformait en héros les indolents lazzaroni de la *Marinella* et de la *Strada della Porto*.

Soudain, à onze heures et trente-cinq minutes, le vieux chanoine fit un geste significatif, en élevant le reliquaire au-dessus de sa tête. Le prodige était accompli.

— A la bonne heure, s'écria la femme, à la bonne heure, San Gennaro, tu as bien fait! Tu es grand, tu es bon, nous t'aimons tous!

Sans doute, un signal fut fait au-dehors des tours de la cathédrale, car, à l'instant même nous entendîmes retentir dans les airs la grande voix du canon qui tonna tout à la fois du Château Saint-Elme, du Château-Neuf, du Château de l'Œuf, et sur tous les navires du port.

En même temps, au-dedans, le chant du *Te Deum*, entonné par les assistants électrisés, s'éleva imposant et grave sous les voûtes de la chapelle et les vastes arceaux de la cathédrale. Une pluie de fleurs tomba sur l'autel : on donna la volée à des centaines d'oiseaux qui parcoururent l'église en poussant des cris joyeux.

Bien que cette scène peut exercer sur l'imagination et sur le cœur une impression profonde, nous pouvons assurer que nous étions en possession de tout notre sang-froid, mes compagnons et moi. Or, c'est avec l'attention la plus scrupuleuse et la mieux éveillée, je vous l'affirme, Mademoiselle, que je regardai, de très-près, non pas une fois, mais vingt fois, dans le reliquaire éclairé par le feu de la torche. La transformation de la matière brune, solide, parfaitement desséchée une minute auparavant, était évidente. Les buires offraient aux regards un liquide ayant la couleur, la consistance, la fluidité d'un sang qui vient de sortir de la veine d'un homme.

Certes! les sceptiques crieront à l'imposture! Depuis dix jours, et se sera de même dans les jours qui vont suivre, je n'en doute pas, j'entends, à Naples même, les esprits forts répéter que cette transformation est impossible, qu'il y a là-dessous du charlatanisme, que par mille moyens physiques, chimiques, que sais-je? on peut arriver à pareil résultat. En attendant, nul ne peut produire un prodige analogue... Laissons-les donc se battre les flancs, et disons seulement, que de toutes les parties de la ville, pendant le reste du jour, affluèrent les habitants, des paysans de vingt lieues à la ronde, et des masses d'étrangers pour vénérer le sang de saint Janvier qui, pendant l'octave de la Fête, va rester dans cet état de liquéfaction, exposé sur le maître-autel de la cathédrale. Pendant toute la semaine les gens riches viendront le visiter en un pieux pèlerinage; et, samedi prochain, le roi, accompagné de sa famille, se rendra en grande pompe, dans les voitures de gala, à la cathédrale, pour lui rendre ses hommages à son tour.

Pour nous, nous quittons l'église, et nous montons dans une calèche qui nous attend. C'est à Pouzzoles que nous allons, nous nous rendons à un déjeuner auquel nous sommes conviés par des Napolitains.

Nous trouvons la route de Naples à Pouzzoles, par le Pausilippe, encombrée de corricoli, de berlines, de chaises de poste, de voyageurs pédestres de toutes sortes. Car c'est encore une croyance répandue et vérifiée, qu'à l'heure même où la liquéfaction de sang s'opère à Naples, elle s'accomplit pareillement à Pouzzoles, et que la pierre du couvent des Capucins est couverte d'une sueur de sang.

Il y a fête à Pouzzoles : toute la population est dans les rues, en habits de luxe et de réjouissance. Devant l'église des Capucins, au sommet de la colline, on tient une espèce de foire ; et aux moments solennels des offices, on tire ces petites boîtes dont on fait tant usage, chaque jour, à Naples, devant la porte des Chiese, où il y a fête de Saints. C'est un bruit étrange, dans cette pauvre ville morte, qui semble aujourd'hui vivante comme aux fêtes de Caligula, de Néron, ou aux funérailles de Sylla.

J'ajouterai, pour mettre à fin tout ce qui touche à saint Janvier, que le sang du martyr ayant été renfermé dans trois fioles, par les fidèles de Ravenne, l'une de ces fioles fut portée en Espagne, par le roi Charles III. Or, on dit encore que le miracle du sang s'accomplit également en Espagne, au moment où il s'opère à Naples.

Je m'arrête et me tais. Puissé-je avoir réjoui votre âme chrétienne, Mademoiselle, en mettant sous vos yeux les détails les plus exacts sur cette fête religieuse et nationale de Naples, dont on parle à peu près dans l'univers entier. Je suis d'autant plus heureux de l'avoir vue, de mes propres yeux vue, ce qu'on appelle vue, qu'elle me fournit l'occasion de vous offrir un témoignage de ma profonde et sincère affection. Recevez-en ici l'expression la plus vraie, et croyez moi, à tout jamais.

Votre humble, dévoué et respectueux serviteur.

VALMER.

A MES COUSINS PAUL, HENRI ET ANDRÉ, A ARCIS-SUR-AUBE

Impressions neuves. — Le Vésuve d'après les anciens. — Aspects qu'il offrait il y a deux mille ans. — Réveil du volcan en l'an 79. — Ses fureurs successives. — Eruption de 1631 — Ce qui advint dans celle 1737. — Evénement de 1838 racontés par un témoin oculaire. — De ce qui se passait alors dans la contrée. — Curiosité des touristes à la droite du Vésuve. — Le Vésuve vu de Naples, de jour d'abord, puis de nuit. — Effets qu'il produit de loin quand il se prépare à une éruption. — Symptômes de ses colères. — Impatience de le visiter. — Préparatifs de départ. — Façon de se rendre au Vésuve. — *Portici.* — Portici mis en relief. — *Résina.* — Sa physionomie. Le cache-nez du Vésuve. — Sa dissimulation. — Changement subit de ses conditions. — Orage sans pareil. — Le Vésuve invisible. — Tempête formidable. — Retour subit de la sérénité des cieux. — Où le voyage continue. — *San-Vito.* — Commencement de l'ascension. — Etrange impression. — Coulées de laves de toutes les époques. — Verdure des plus riches. — Merveilleux aspects sur Naples et sur son golfe. — Sites pittoresques des flancs de la montagne. — La route blanche au milieu des laves noires. — Ermitage de Saint-Sauveur. — Bel effet de la Tour de l'Observatoire. — Maisons et villas saisies par la lave. — Coulées fumantes. — Coulées éteintes — Coulées en marche. — Où cesse toute végétation. — Abomination de la désolation. — Cône de cendres — Orifice du Cône. — Vue intérieure du grand cratère. — Emotions inimaginables. — Magnificence inouïe du coucher du soleil dans le plus magique des horizons. — Descente et chutes. — Visite au cratère de l'éruption actuelle. — Promenade au milieu du lac et des fleuves de feu. — Nuit passée en regard des phases du phénomène.

Du Vésuve, **22** septembre, **185**...

Une épître datée du Vésuve et tracée avec de la lave, imbibée de Lacryma-Christi, dans une coquille d'œuf cuit au feu du cratère, voilà, j'imagine, une curiosité historique, géologique et littéraire, qui revêt la couleur locale !

Je suis encore tout ému du spectacle grandiose dont mes regards viennent d'être frappés, mes amis. Une heure, seulement une heure me sépare du moment tant désiré, où, monté sur le cône culminant du gouffre de feu, je plongeais un œil curieux dans les profondeurs de ses abîmes. Ce sont les impressions que je ressens que je vous transmets, *toutes chaudes*, car je n'ai pas encore quitté la grande scène de l'éruption qui se fait en ce moment. Il est minuit, et la lave incandescente, comme un vaste bras de mer tout en feu, s'écoule lentement là, près de nous, à quelques mètres de l'Ermitage, asile où nous avons pris gîte pour nous reposer, contempler encore la marche du fleuve rutilant, vous écrire et regarder, jusqu'au jour, les grandes et curieuses phases de cette exploration ! Nous l'avons commencée, hier, dans l'après-midi, ma bonne mère, l'ami Valmer et moi, sous la conduite de deux guides.

« Le Vésuve, dit M. Noël des Vergers (1), l'un des volcans les moins hauts et toutefois l'un des plus intéressants à étudier de notre globe, s'élève, isolé dans la plaine orientale de Naples, à une hauteur d'environ mille deux cents mètres. Les notions les plus anciennes de l'antiquité, sur cette montagne, nous la représentent bien comme un ancien volcan, mais comme un volcan éteint depuis des siècles, dont on n'avait jamais connu les ravages et dont il semblait qu'on n'eût pas à redouter le réveil. En effet, *Strabon* (2) parle du Vésuve comme offrant sur toute sa surface, excepté vers la cîme, un sol très-agréable : « Cette cîme, ajoute-t-il, plane dans sa plus grande partie, mais totalement stérile, semble, à la vue, n'être qu'un monceau de cendres, et l'on

---

(1) *Encyclopédie moderne*. Tome XXVII, page 467.
(2) Liv. V, p, 247.

y rencontre de longues cavités, toutes de couleur fuligineuse, comme si elles avaient été calcinées par le feu. De là nous pouvons inférer que ce lieu brûlait jadis et avait des cratères de feux qui se seront éteints lorsque l'aliment leur aura manqué. »

Aujourd'hui, deux sommets, qui se formèrent à la suite de la terrible éruption de l'année 79 après Jésus-Christ, arrachant si brusquement les paisibles habitants du golfe de Naples à leur profonde sécurité, donnent au Vésuve une physionomie toute particulière.

Je ne vous parlerai pas de ce grand évènement, mes chers cousins ; vous en avez lu certainement les détails émouvants dans les deux lettres de Pline-le-Jeune à Tacite, et vous savez comment cette première et formidable éruption ensevelit quatre villes, non pas seulement sous les cendres, mais sous les éboulements qui se détachèrent alors des pentes de la montagne. Il suffit d'examiner les masses du tuf qui recouvrent Pompéïa, et surtout Herculanum, pour y reconnaître des éléments étrangers à cette pluie de cendres volcaniques que les Napolitains, en la recueillant dans leurs rues, appellent *lapilli*, et qui accompagne presque toujours les éruptions. On trouve, au contraire, des masses de tuf parfaitement identiques à celles qui constituent le tuf de la *Somma*, ce cône éventré du Vésuve par l'éruption de 79. Le volcan reprit ensuite son sommeil léthargique. Puis, il y eut une seconde éruption sous le règne de Septime-Sévère, en l'an de Jésus-Christ 203 et 204. *Dion* en parle de la sorte : « Il parut dans ce temps-là un grand feu sur le mont Vésuve, et il s'y fit un bruit si extraordinaire, qu'il fut entendu dans Capoue à quinze lieues de distance.»

En 472, une troisième éruption, dont parlent *Ammien-Marcellin*

et *Procope*, transporta les cendres du Vésuve, s'il faut les en croire, jusqu'à Constantinople et à Tripoli de Barbarie.

En 512, nous trouvons dans *Cassiodore* une lettre par laquelle
le roi Théodoric écrit à Faustus pour l'engager à constater les dom-
mages que les habitants de Nola, comme ceux de Naples, viennent
d'éprouver par l'éruption du volcan, afin de les décharger d'une
partie des impôts. Cette éruption eut ceci de particulier qu'elle fut
la première dans laquelle le Vésuve vomit de la lave, car la lettre
de Théodoric semble faire allusion à une coulée, et Procope décrit
un ruisseau de feu s'écoulant du sommet à la base de la montagne,
de manière à ne laisser aucun doute à ce sujet.

La cinquième éruption eut lieu en 685. Il faut ensuite traverser
trois siècles pour arriver à une nouvelle convulsion du Vésuve, en
993. Puis en 1036 éclata la septième éruption au sujet de laquelle
un anonyme du Mont-Cassin s'exprime ainsi : *Segto Kal. Feb. mons
Vesuvius eructavit incendium, ita ut usque ad mare discurreret.*

Dequis lors jusqu'à la fin du xive siècle, on compte trois éruptions, en 1139, en 1306 et en 1500.

Puis après un repos de près de cent cinquante ans, pendant lequel fut soulevé le Monte-Nuovo, qui s'éleva en une nuit en 1538
à une hauteur de cent trente-quatre mètres, près de Baïa, et le
Mont-Etna fut, au contraire, en grande activité; en 1631, le phénomène se renouvela avec une violence que probablement il n'a-
vait pas eue depuis le dernier jour de Pompéïa. C'est là la première
éruption dont nous ayons les détails exacts, enregistrés sur le lieu
même par des auteurs contemporains, et notamment par *Braccini*,
qui avait gravi la montagne peu auparavant, et nous la représente

comme couverte de végétation jusque dans son cratère. Fermé à
une profondeur de mille pas, par un terrain solide et recouvert
d'une herbe fine où paissait le bétail, ce cratère avait sur ses parois
intérieures des parties boisées servant de refuge aux sangliers et
comptait presque deux lieues de circonférence sur ses bords les
plus évasés. Aussi peut-on supposer que l'éruption de 1500 avait
eu lieu par quelque cratère ouvert sur le flanc du Vésuve, — comme
se fait l'éruption dont nous sommes les témoins. — Ce fut donc le
16 décembre 1631, à la suite de plusieurs tremblements de terre
qui, depuis six mois, causaient des désastres en Campanie, qu'au
lever du soleil on vit surgir des rampes de la montagne d'épais
nuages de fumée, précurseurs ordinaires des éruptions volcaniques.
Depuis une heure de l'après-midi jusqu'à sept heures du soir, le
sol s'agitait à Naples de manière à faire craindre l'écroulement de
toute la ville. Puis, le jour suivant, à neuf heures du matin, le
cractère s'affaissa, et donna passage à un immense torrent de
lave, qui, se divisant en sept courants, couvrit les pentes du
Vésuve ainsi que la plus grande partie des plaines qui s'étendent
de la base du mont à la mer, et fit périr dans ses feux plus de six
cents personnes. Ce sont ces laves, — et nous les avons vues et
foulées, — sur lesquelles sont reconstruits aujourd'hui les villages
qui furent alors brûlés et engloutis, de Torre dell'Annunziata,
Torre del Greco, Resina, Granatello et autres qui bordent cette partie du golfe.

Depuis cette époque il se passe rarement plus de dix années sans
que le volcan donne signe de vie. Or, l'éruption de 1631 étant la
douzième depuis celle de 79, on compte ensuite celle de 1660,
1662, 1694, 1701, 1712, 1737, 1751, 1754, 1760, 1766, 1770,
1779, 1790, 1794, 1804, 1810, 1817, 1820, 1822, 1831, 1834,
1838, 1847, 1850, 1855 et 1858.

Mœurs napolitaines   7

Sur l'éruption de 1737, dont la lave traversa Torre del Greco et atteignit la mer, voici ce que renferme un journal qu'en a tenu l'abbé *Entieri* :

« Dès la fin d'avril, le Vésuve s'était mis à jeter fréquemment des flammes avec de la fumée. Le 14 mai, cette fumée augmenta, ainsi que les flammes, et le 16, la cime commença à lancer des pierres rouges et à laisser couler quelque peu de matières fondues. Le 18, le sommet était tout couvert extérieurement d'une pluie de soufre. Le 19, le bruit et le frémissement intérieur devinrent horribles à entendre, la fumée était d'une noirceur extrême, et il partit des quartiers de roches qui roulaient en retombant le long du talus, avec un terrible fracas. Le 20, l'incendie fut à son plus fort période : la fumée, noire comme de la poix, enveloppa toute la montagne de gros tourbillons ; la cime prit feu de tous côtés ; la flamme parut très-vive malgré la clarté du jour, et le gouffre lançait incessamment le fer, le soufre, la pierre-ponce, comme une grenade qui éclate. Sur le soir, la fumée se mit à tourbillonner plus vite et devint grisâtre. Peu après, la montagne fit entendre une explosion épouvantable ; et, au coucher du soleil, on vit que c'était le creuset qui s'était fendu près de son fond, du côté du midi. De cette fente sortait une épaisse fumée, interrompue de temps en temps d'éclairs et de lances à feux, avec le bruit qu'elles ont coutume de faire. Au bout d'une heure ou deux, la nouvelle crevasse vomit un gros torrent rouge, qui se mit à descendre lentement le long du talus, et à prendre le chemin du village de Résina ; mais il s'amortit et n'avança plus, tandis que le grand orifice continuait à jouer de la grenade. Quatre heures après, la montagne se remit en furie et surtout à tirer et à secouer la terre. Elle vomit par la bouche, du côté de l'occident, et fit par la nouvelle crevasse une déjection si abondante, qu'elle occupait cinq cents pas de long et près de trois cents de large. Ce torrent de fer rouge enflamma la campagne, et, continuant à couler, se divisa en plusieurs rameaux, dont le plus large avait quarante-cinq pieds de large. L'un d'eux descendit le 24, vint aboutir à Torre del Greco, heurta la muraille du Couvent des Carmes, qu'il eut bientôt renversée, entra dans la sacristie et dans le réfectoire, où il ne fit qu'un fort léger repas de tout ce qui s'y trouva ; de là il traversa le grand chemin, et vint s'arrêter au bord de la mer sur les six heures du soir. Jusqu'au 24, l'éruption continua par l'orifice supérieur. Ce jour-là, après avoir fait, sur le midi, un feu d'enfer, le volcan commença à s'arrêter et à ne plus éparpiller que des tourbillons de cendres. Le 28, le feu n'était presque plus rien. Le 29, il cessa tout-à-fait : la fumée devint claire, blanche et élevée. Enfin, le 6 juin, une grosse pluie qui tomba sur le Vésuve tira des torrents de fer une odeur de soufre insupportable. Tous les arbres, à un quart de lieue à la ronde, en perdirent leurs feuilles et leurs fruits... Pendant tout ce temps, le vent régna entre le S. et le S. O. »

Dans l'éruption de 1774, dit M. A. J. du Pays, « le même village de Torre del Greco fut traversé par un courant de lave qui brûla plus de quatre cents personnes. Il enveloppa les maisons d'une masse de douze à quarante pieds d'épaisseur et s'avança, sur une largeur de près de mille pieds, de trois cent cinquante pieds dans la mer. Ce courant de lave, qu'on peut examiner encore sur les lieux, — et qu'en effet nous avons vu, — ne mit que six heures pour descendre du cratère à la mer. »

M. Noël des Vergers, témoin de l'éruption de 1839, et ayant suivi toutes les phases avec le vif intérêt qui s'attache à de tels phénomènes, raconte ce qu'il vit de la façon suivantes :

« Déjà au mois d'août 1838 le Vésuve avait lancé des flammes ; depuis lors, une épaisse fumée qui s'élevait du cratère en se dilatant, et formait avec la montagne comme deux cônes réunis par leur sommet, annonçait une prochaine catastrophe. Vers la moitié du mois de décembre, de légères éruptions de pierres-ponces se répétèrent à des intervalles presque égaux. Désireux de jouir du spectacle que devait offrir l'interieur du cratère, nous gravîmes la montagne dans la soirée du 31 décembre, et arrivâmes sur le sommet au moment où l'obscurité de la nuit donnait à la scène qui s'offrait à nos yeux tout son caractère d'effrayante beauté. Depuis midi la lave avait commencé à couler et s'étendait déjà sur une grande partie du plateau qui termine le cône. Le feu redoublait à chaque instant d'intensité ; les détonations se succédaient sans interruption, et une pluie de pierres rougies, qui s'élevaient à une grande hauteur, retombait sur les flancs du cratère, foyer principal de l'éruption. Nous voulûmes monter sur une dernière élévation, à quarante toises environ du point central de l'émission de la lave. Là, l'effet était magique, et on se serait oublié long-temps dans la contemplation de ce mystérieux travail de la nature, si la direction du vent, en variant quelque peu, ne nous eût apporté des pierres qui se brisèrent avec fracas à nos pieds et nous obligèrent à nous retirer. A minuit, nous étions de retour à Naples, persuadé que l'éruption ne se ferait pas attendre si les phénomènes que nous venions d'observer continuaient à augmenter d'intensité.

« En effet, le lendemain, dès la pointe du jour, les détonations du volcan retentissaient dans la ville, et faisaient vibrer les fenêtres, comme des décharges d'artillerie, tandis qu'une noire et épaisse fumée cachait entièrement la montagne. La journée se passa sans événements ; le soir, le Vésuve jetait peut-être moins de feu que la veille; cependant on croyait à une forte éruption avant trois jours, parce que les puits avaient tari à Torre del Greco. En effet, le mercredi matin, 2 janvier, à sept heures, la lave fit éruption au-delà du plateau formé par le grand cône, et commença à couler sur le flanc de la montagne. Les détonations devenaient plus fortes et plus fréquentes ; le ciel, d'une admirable pureté partout ailleurs, était obscurci, à l'est, par des masse de fumée que lançait le volcan. A trois heures, l'éruption était si forte, que, malgré tout l'éclat du soleil, on voyait clairement, à chaque détonation, la flamme courir en longs serpents au milieu des noirs torrents de fumée que vomissait la montagne. A cinq heures le soleil se coucha, et dès-lors on vit briller, comme un fleuve de feu, le courant de lave qui avait déjà coupé la route de l'Ermitage, et s'étendait à plus de deux milles du cône du haut duquel il s'était précipité le matin. A l'aide d'une lunette on le suivait à travers un sillon d'anciennes laves dont la coulée remonte à l'éruption de 1794. Mais nous ne pouvions nous contenter long-temps de la satisfaction incomplète de contempler le phénomène d'aussi loin. Nous partîmes donc pour la montagne, et arrivé à Résina, vers minuit, nous commençâmes à gravir les pentes du Vésuve, distrait péniblement du magnifique spectacle qui s'offrait à nous par les pleurs de pauvres paysans dont les vignes étaient en ce moment atteintes et brûlées par la lave. En effet, à mesure que la lave touchait un buisson, un arbre, un cep de vigne, il s'embrasait tout-à-coup, brûlant avec de longs pétillements et une flamme vive qui se détachait en clair sur le rouge sombre de la lave en fusion. Les détonations qui ébranlaient le volcan jusqu'à sa base, les bouquets d'artifice qui s'élançaient à chaque instant du cratère, les cris stridents de la lave rouge contre la lave déjà refroidie, les reflets de la montagne emflammée sur les eaux du golfe, formaient une scène admirable, qu'au bout de quelques heures, passées à suivre la lave dans sa lente progression, vinrent affaiblir les lueurs du jour.

» Nous nous dirigeâmes alors vers Pompéïa, pour y observer le mont sous un nouvel aspect. A peine avions-nous rejoint la grand' route que nous fûmes croisé à chaque instant par de malheureuses familles emportant avec elles leurs meubles, leurs lits, et fuyant devant le fléau qui menaçait de les engloutir.

» Cependant le soleil de Naples brillait de tout son éclat et faisait contraster la sérénité du ciel avec les nuages de vapeur que le vent portait vers Castellamare.

» A Torre del Greco, nous commençâmes à apercevoir le revers de la montagne, sillonné aussi par un second courant de lave qui menaçait déjà le village de Bosco-Tre-Case, dont les habitants avaient déserté leurs maisons. En approchant de Torre-dell'-Annunziata, nous passâmes tout-à-coup d'un ciel calme et serein sous le nuage que formait la fumée, et nous fûmes témoin de nouveaux phénomènes. Une pluie de cendres, ou pour mieux dire de petits fragments de pierres-ponces, *lapilli*, commença à tomber sur nous avec une telle force que leur chute causait sur les mains une impression douloureuse. Le soleil était complétement caché pour nous, et l'obscurité devenait plus forte à mesure que nous nous trouvions plus engagé sous le nuage; des éclairs violents sillonnaient la masse de vapeurs qui nous entourait, et des éclats de tonnerre se faisaient entendre, bien que nous eussions pu nous assurer, quelques instants auparavant, du calme complet qui régnait dans l'atmosphère. Nous fûmes obligé de descendre de voiture; car les chevaux ne pouvaient se traîner au milieu des cendres qui encombraient la route. C'est à pied que nous parvînmes à Torre-dell'-

Annunziata. Là, nous aperçûmes, à la lueur blafarde qui seule éclairait ce tableau, les habitants montés sur les terrasses de leurs maisons et rejetant avec des pelles cette pluie de lapilli dont le poids, en s'accumulant, menaçait d'effondrer leurs toitures. Notre cocher refusa d'aller plus loin : nous dûmes donc retourner à Naples, où ceux qui ne l'avaient pas quitté n'avaient jamais cessé de voir le soleil. Quatre jours après, le volcan était apaisé; mais quand nous pûmes enfin aller à Pompéïa, deux pieds de cendre en recouvraient le sol, et il fallait presque recommencer l'exhumation de cette malheureuse ville, si voisine de ce gouffre béant toujours prêt à l'engloutir. »

Ce n'est pas d'une semblable éruption que je vais vous entretenir, mes chers amis, moi, pauvre être. Nous sommes beaucoup moins favorisés : néanmoins, je remercie Dieu d'avoir permis que, venus à Naples pour voir et connaître, nous ayons pu devenir les témoins de l'un, même anodin, de ces phénomènes qui appellent les savants de tous les coins du monde.

Dès notre arrivée à Naples, sous les pâles lueurs du matin, nous avions vu de lumineux sillons de lave, s'éteignant à l'œil au fur et à mesure que venait le jour, courir comme des serpents de feu sur les pentes du Vésuve. Dans la brume empourprée de l'aurore, nous contemplions ce colosse, se dressant, isolé, en un cône gigantesque, mais décapité, sur le côté oriental, plus plat et moins accidenté que partout ailleurs, du golfe dont les eaux déferlaient à sa base. Situé à six kilomètres de Naples, il se détachait parfaitement sur le fond d'or du ciel qui en rendait distinctes toutes les parties. C'était d'abord l'ancien cône, que l'on nomme la *Somma*, tronqué, aux rebords de tuf évasés, abruptes, de couleur fuligineuse, qui fut effondré dans l'éruption de l'an 79, élevé encore à cette heure de quatre cents quatre-vingts toises, qui enveloppe le cône nouveau, formé plus loin d'une enceinte demi-circulaire. C'était ensuite la vallée profonde séparant la Somma du cratère ou cône nouveau qui, sous le nom d'*Atrio dei Cavalli*, — et notez ici qu'*Atrium* veut dire *foyer* —, a remplacé l'ancien foyer du volcan. C'était enfin le *Cratère* actuel, conique, cheminée nouvelle de l'abîme de feux souterrains et sous-marins, élevé de mille deux cents mètres, composé des cendres vomies par la montagne, surmonté de sa *Bocca del Palo*, le bord le plus haut de sa lèvre, au nord, et couronné de l'épaisse fumée qui, en s'élevant dans les cieux, prend la forme d'un pin-parasol colossal.

Aussi mon œil curieux ne quittait pas le Vésuve de jour et de nuit : le soir, nous nous arrêtions sur tous les points de Naples d'où l'on peut voir le volcan, — et ils sont nombreux, — et nous restions en admiration devant ces énormes coulées de laves, qui changeaient en brasiers flamboyants les déclivités du géant, grises et ternes aux rayons du soleil. Or, voici qu'hier, on nous dit dans la ville, qu'en outre du cratère ouvert depuis peu de temps sur les flancs inférieurs de la montagne, qui regarde Naples, il se forme encore deux autres bouches au-dessous de l'ancienne Somma. En effet, on voit s'élever dans cette direction deux légères colonnes de fumée. Les sources et les puits qui tarissent subitement, sont considérés comme des indices précurseurs d'une éruption : on prétend que les reptiles sortent de terre, et que les animaux témoignent de l'inquiétude. La fumée, qui sort du cratère, augmente considérablement : elle s'épaissit et se mélange de cendres ; elle s'élève sous la forme d'une colonne perpendiculaire, jusqu'à une hauteur de trois cents mètres, et s'élargit à son extrémité supérieure. Or, une partie de ces pronostics d'une éruption nouvelle se manifestent, nous dit-on. Toutefois, la lave ne s'élèverait pas cette fois jusqu'à l'orifice du grand cratère : elle ne déborde pas, comme il arrive d'ordinaire, pour se répandre du haut du cône en cascades et en avalanches de feu. Mais la montagne se crevasse vers son milieu, paraît-il, son creuset se crève, et la lave coule par ces bouches ouvertes plus bas que le cratère supérieur. Enfin, on ajoute que des explosions fréquentes se font entendre jusques à Naples. Sur ce, nous prêtons l'oreille, et, en vérité, l'imagination aidant peut-être, nous croyons recueillir de ces bruits caverneux, qui doivent ressembler au bombardement du volcan. Au reste, peu importe, il est décidé que, le lendemain même, nous ferons notre ascension au Vésuve. Il est urgent de profiter de l'heure où le monstre a ses tranchées, et se trouve travaillé par des coliques et des vents, pour aller étudier ses évacuations.

Donc, de bonne heure, ce matin, 12 septembre, j'avais commandé des provisions, spécialité qui m'appartient en voyage, fixé l'heure du départ à midi, et, ma mère, M. Valmer et moi, nous préparions nos valises, non-seulement pour aller au Vésuve, mais aussi pour étudier ses fureurs sur le théâtre de ses ravages, à Herculanum, Oplonte, Pompéïa et Stabie; puis pour continuer nos explorations curieuses, aux délicieuses villes de Castellamare, Sorrente, Amalfi et Salerne, et les étendre jusqu'à Pœstum, l'antique Posidonia. Mais ne vous effrayez pas, mes chers cousins : vous ne m'accompagnez que sur le Vésuve, en le quittant je vous rendrai votre liberté.

Savez-vous que, de Naples à Castellamare, un chemin de fer relie le Vésuve à Pompéï, le tyran à sa victime, la cause à l'effet. Oui, un vrai chemin de fer vous conduit à Portici, au Vésuve, à Herculanum, à Oplonte, à Pompéï, à Stabie, et prend son essor ensuite vers des contrées plus lointaines. Cotoyer les larges assises d'un volcan sur un rail-way, entraîné par la vapeur ; aller contempler les grands spectacles de la nature, tout comme on va voir Fontenay-aux-Roses, c'est à prendre en horreur, en haine profonde, les chemins de fer et leurs abominables wagons. Laissez-nous donc le grand air et la vue, de grâce ! Ou bien partons à pied, le sac au dos, le bâton du pérégrinateur à la main ! Mais non, nous avons une dame avec nous, ma mère... Je l'associe à mon bonheur, donc renonçons à un voyage à pied.

Heureusement il y a toujours une bonne étoile pour les touristes... Le landau qui nous conduit au chemin de fer, a sans doute reçu de Minerve des fils de Pégase, car nos chevaux ne courent pas, ils volent. Avec ce premier avantage, se combine la possession d'un véhicule léger, fort commode, assez doux quant aux coussins. Ajoutons qu'il permet de tout voir, le ciel, la terre et la mer. Sur ce, j'entre en pourparler avec notre automédon. Je lui soumets le programme de notre voyage ; en retour, il m'expose ses exigences ; bref, nous nous entendons. Nos accords ratifiés par mes compagnons de route, les nobles fils de Pégase, qui certainement ont compris mon admiration pour leur ardeur, s'animent d'un feu nouveau, et dévorent l'espace. Vive le landau, et honte au rail-way.

Après avoir laissé à notre gauche le *Fortino del Larmine* qui défend la ville à l'est, sur les bords du golfe, nous atteignons le *Ponte della Maddalena*. Avec le cocher qui nous conduit, je salue la belle statue du bien-aimé patron des Napolitains, San Gennaro, dont le bras levé bénit la ville, la mer, et adjure le Vésuve de respecter ses enfants. A cette marque de vénération de la part d'un *forestiere*, d'un *Francese*, le Napolitain, ému et enchanté, se déclare mon vassal ; il me jure foi et hommage. C'est à la vie et à la mort qu'il veut nous servir et rester notre phaëton pendant toute la durée de notre séjour à Naples.

Après les longues et hautes *Casernes della Cavalleria*, appelées *Granits*, sans doute à cause de la couleur rosées de leurs murailles, nous pouvons entonner la belle partition d'Aubert, la Muette de Portici :

> — Amis, la matinée est belle,
> Sur le rivage assemblons-nous !
> Guidons gaiment notre nacelle , etc.

Nous sommes à *Portici*. Mais si jamais Portici a pu s'apitoyer sur le sort d'une jeune fille privée de la parole, par compensation, toutes les femmes que je vois me paraissent avoir la langue joliment pendue. Palsambleu ! quelles commères ! Vivent les matrones de Portici pour caqueter, tout en étalant au soleil, afin de le sécher, rangé sur de longues perches, le macaroni sortant frais et mouillé des fabriques qui en préparent ici des provisions pour le monde entier.

Oh ! oui, la matinée est belle ! La mer resplendit au loin de tous les feux du jour : le ciel est bleu, la brise douce, l'air pur. Les collines de Castellamare et de Sorrente verdoient à ravir, légèrement couronnées de nuages floconneux qui s'éparpillent dans l'espace. Quant au Vésuve, le voici déjà qui nous domine de toute sa taille. Mais il a la mine toute paterne aujourd'hui. Comme d'un ample cache-nez, sa tête s'entoure, la frileuse ! d'une épaisse fumée blanchâtre à qui l'air raréfié ne permet pas de prendre son essor. Nous longeons sa base dont la riche végétation est en mille endroits frappée de mort, par de larges coulées de lave, vomies jadis par la poitrine du géant, et dont l'effrayant volume a refoulé la mer, reculé ses rivages, élargi la plage et permis à Portici d'étendre, plus à l'aise, la longue file de villas et de palais qui composent son immense, son unique, mais très-belle rue.

Ce nom de Portici lui vient du nom d'*Herculis Porticum* qu'elle portait sous les empereurs de Rome, et qui occupait l'emplacement du *Polazzo-Reale* actuel, bâti en 1736, sur les dessins d'*Ant. Cannevari*, par ordre de Charles III. La cour de ce Palais forme une enceinte en parallélogramme, faisant arcade sur la grand'-route que nous suivons: Je ne vous entretiendrai ni du palais ni des deux grands perrons qui donnent accès, celui de droite dans les appartements de la reine, et celui de gauche dans les appartements du roi. Je ne vous parlerai même pas du merveilleux aspect que présente Naples vue des fenêtres du palais, qui tourne le dos au Vésuve et semble le bouder. Il y a lieu : le Vésuve est si mauvais voisin !

Voici *Resina*, la *Retina* des Romains, l'ancien *Port d'Herculanum*, qui maintenant gît sous le tuf, dans les profondeurs sur lesquelles on a construit la nouvelle Resina. Cette autre ville, longue et unique rue contournant la base du Vésuve, succède immédiatement à Portici, et lui donne la main. C'est là que l'on quitte la route suivant les contours du golfe, et que commence l'ascension du Vésuve. Nous laissons donc notre landau qui se tiendra attelé pour demain, au lever du soleil ; nous faisons prix pour des mulets et des guides, et toutes nos dispositions prises et notre caravane mise en ordre, nous tournons immédiatement à gauche, et un chemin de traverse nous fait gravir les premières pentes de la montagne. Il est deux heures de l'après-midi. Nous sommes à peine en selle et nous cheminons encore dans une rue de Resina, qu'un grand malaise nous saisit. Nous ne respirons plus ; l'air manque à nos poitrines ; la sueur nous découle du front. Serait-ce parce que nous foulons aux pieds des mystérieux et brûlants abîmes qui recèlent les feux du volcan que nous nous mouvons dans une épaisse atmosphère chargée de chaleur? Je l'ignore. Ce que je puis dire, c'est qu'un coup de tonnerre d'une violence inouïe nous fait tressaillir et lever la tête vers la montagne. Jugez, mes amis, de l'étrange variation de la température sur le sol du Vésuve, par ce qui va suivre. Je vous parlais tout-à-l'heure d'un certain cache-nez dont s'entourait le cône du volcan. Ce cache-nez s'est changé en une effroyable fourrure de nuées énormes, sombres, noires à faire peur, et cela presque en un clin d'œil. Le soleil brille partout ailleurs à l'horizon, mais une horrible tempête se prépare en face et au-dessus de nous. Après ce premier coup de tonnerre, si violent, si peu attendu, de nombreux éclairs sillonnent le large bandeau de ténébreuses vapeurs dont s'est enveloppé le front du monstre. A chaque instant retentissent des détonations sourdes, bruyantes, effroyables. On dirait que le sol fléchit et se meut sous nos pieds. Gardez-vous de croire que j'adopte une mise en scène de commande pour rendre plus dramatique notre excursion ! Non, certes ! Je vous dis la pure vérité, et mon tableau ne sera que la peinture de la réalité. Un vent d'une inimaginable énergie s'élève et souffle avec un tel bruit, avec une telle violence, que nos montures s'arrêtent, effrayées, et refusent de marcher. D'où vient ce vent? De la montagne, car la sérénité, il n'y a qu'un instant du moins, se montrait partout ailleurs. Cependant nous pénétrons dans la rue qui descend du cône : mais une horrible obscurité nous enveloppe. Au même moment, une pluie torrentielle se met à tomber, sans autre avant-coureur, avec un fracas inconnu à nos oreilles. Nous n'avons que le temps de faire entrer nos mulets sous un hangar, et de nous réfugier nous-mêmes dans une dernière maison qui domine Resina.

Une fois à l'abri, nous contemplons le phénomène exhalant sa fureur avec une sauvagerie dont ma plume ne saurait donner une idée. Ce n'est plus de la pluie qui tombe, c'est le ciel lui-même, avec ses cataractes, qui s'affaisse sur la montagne. Il semble qu'il veuille, par son déluge, la détacher de sa base, et l'entraîner vers la mer dans ses tourbillons d'eaux furieuses. Une boue noire descend des pentes du volcan avec une telle rapidité, et forme des vagues qui ruissellent avec une telle rage que nous nous assurons avec anxiété si la maison qui nous recèle est solide. Heureusement ses murs sont à l'épreuve d'un tremblement de terre, tant ils sont épais et appuyés de formidables contreforts. Avec ces torrents de boue noire, bientôt se précipitent et roulent d'énormes blocs de rochers, dont la chute est accompagnée d'un bruit sourd et lointain qui glace de terreur, et, plus près de nous, d'un fracas épouvantable et de soubresauts qui ne sont pas plus rassurants. Ma mère, pâle, mais courageuse, contemple le déchaînement de la tempête et les ravages de la rafale. Le chemin qui passe devant la chaumière, creusé sur les scories et les laves de l'éruption de 1810, sonore et retentissant, couvert d'eaux mugissantes et de masses de roches qui vont menacer Resina, semble vouloir s'ouvrir sous le poids trop lourd qui le charge. On entend comme des craquements sous le sol, et on dirait que des déchirements se font dans les entrailles de la terre. La foudre ne cesse pas un seul instant de faire entendre sa grande voix redoutable, tantôt en coups secs et stridents, tantôt en roulements saccadés, très-étendus, prolongés, comme si, sous l'ébranlement qu'elle cause, la dissolution du globe s'opérait pour jamais. L'obscurité se teint de mille nuances, fauves, rousses, rutilantes; et des serpents de feu, d'incommensurables zig-zags de flammes flamboient et la sillonnent en tous sens. On pourrait croire que la montagne devient la proie d'un embrasement général. C'est à être aveuglé. Que ce spectacle terrible, grandiose, je ne dirai pas a de charmes, mais éveille l'imagination et remplit l'esprit de la puissance et de la grandeur du maître.

Cependant cette indicible explosion d'orage, cet incendie fantastique, cette tourmente dont le Vésuve est la proie, qui a grandi et s'est développé avec la force la plus imposante, en quelques minutes peut-être, prend fin presqu'aussi rapidement. Ainsi, en quelques minutes le calme succède à la fureur désordonnée des éléments. Des lueurs blafardes se montrent d'abord; puis, comme à l'aurore du matin, le jour reparaît peu à peu; le vent, un vent plus doux, chasse peu à peu les vapeurs; la brume s'éclaircit, se fond, se dissipe; le tonnerre ne lance plus que des éclats plus sourds et plus rares; il s'éteint même. Les éclairs s'effacent; un horizon circulaire se déploie. Les rochers ne roulent plus; l'eau s'égoutte et tarit. Un coin bleu du ciel apparaît; la montagne se redresse sur sa base; puis ses flancs couverts de végétation, partout où n'ont point passé les laves des éruptions, reprennent leur verdoiement bronzé. Le sommet du cône s'élance au plus haut des cieux; voici même le cratère qui se profile et les colonnes de fumée qui font tache sur l'azur du firmament. En un quart d'heure l'affreuse avalanche de boue est lavée, le cataclysme n'est plus qu'un souvenir, la sérénité revient, le soleil rutile.

Alors nous reprenons nos patients coursiers, les guides, qui invoquent encore saint Janvier, viennent nous rejoindre, la caravane se reforme, et nous voici gravissant la coulée de lave de 1810. Nous dépassons bientôt une chapelle consacrée à *San Vito*, et nous nous dirigeons vers des ravins boisés, verdoyants et fort pittoresques.

Leurs rampes ont pour ornements quelques maisons de plaisance. Sur l'un d'eux s'élève une rouge tourelle qui s'élance avec grâce de massifs d'arbres verts.

Chose étrange! pendant que le Vésuve était tout-à-l'heure à la gehenne, sous l'étreinte de la tempête, Naples resplendissait des feux du soleil; à présent que le soleil illumine la montagne de ses purs rayons, c'est Naples qui est en proie à la violence de l'orage. Nous contemplons ce curieux spectacle du point, culminant déjà, que nous atteignons. Du reste, autour de nous, la nature est si placide, que l'on ne dirait pas qu'il y a quelques minutes des cataractes furieuses inondaient la terre de leurs torrents.

En tournant quelque peu vers la gauche, nous changeons de sillon de lave. Nous nous trouvons maintenant sur la coulée de l'éruption de 1856. Elle occupe une largeur de plus de 100 mètres. Son noir aspect laisserait croire qu'elle est éteinte : il n'en est rien. Il s'en élève par des fissures, sur toute sa surface, une fumée légère qui indique que sous la croûte supérieure elle est encore incandescente. En effet, en mettant la main sur la couche de lave, une chaleur intolérable se fait sentir. D'ailleurs, il ne faut pas moins, paraît-il, de plusieurs années pour que la lave ait complétement perdu sa chaleur. On dit qu'après sept et huit ans, quelquefois, certaines coulées, à une profondeur minime, ne permettent pas à la main de les palper. Couverte de scories à la surface, la lave reste ainsi brûlante, parce que ces scories, mauvais conducteurs de la chaleur, la tiennent renfermée et la conservent. Ainsi on a observé en 1849, sur l'Etna, un courant qui, neuf mois après sa sortie du cratère, s'avançait encore sur une pente considérable en parcourant environ un mètre par heure. Du reste cette chaleur est variable : on trouve dans la lave de certaines éruptions des arbres à peine carbonisés. Il en est de même de sa vitesse. Sa marche ordinaire, à la sortie du cratère, est de cent mètres par heure. C'est au travers d'une vigne qu'en cette année 1856, la lave porta ses ravages. Elle a saisi par la base plusieurs villas blanches, brûlées à leur pied, mais maintenues en équilibre par la masse noire qui s'est figée à l'entour. Cette coulée provenait d'un cratère formé au flanc de la montagne, à une hauteur de six cent mètres à peu près.

Voici que nous touchons à une belle route blanche qui, de Resina, monte et contourne le Vésuve jusqu'à l'*Ermitage de San-Salvator*. Par le sentier capricieux que nous avons adopté, notre regard peut embrasser plus curieusement les désordres et les fantaisies cruelles des éruptions de diverses époques ; aussi ne suivons-nous que peu d'instants cette route destinée aux touristes et aux dames qui préfèrent les commodités d'une calèche aux curiosités des accidents et des déclivités du sol. De cette route, large et belle, les beaux aspects d'une verdure luxuriante ne sont plus attristés par la hideuse couleur d'une lave morte et lugubre ; au contraire, tout en cheminant, on peut voir, comme de notre sentier du reste, derrière soi, les merveilleuses beautés qui se déploient dans l'immense enceinte du golfe que l'on domine à une grande hauteur déjà. Naples fait ombre au tableau dans ce moment, car l'orage y sévit encore, et on ne le voit qu'au travers de la masse de nuages sillonnés par la foudre ; mais dans peu de temps, à son tour, la sérénité splendide de son beau ciel lui sera rendue.

Il est quatre heures. Nous avançons toujours, ayant à notre gauche l'antique et fuligineuse Somma, en face de nous l'Atrio

Mœurs napolitaines   8

dei Cavalli, et à notre droite, le cratère supérieur et son parasol de fumée. Sur les flancs de ce cône, à une lieue de distance de nous et du cratère, nous voyons ouvertes les bouches rouges et fuman- tes de l'éruption actuelle.

Notre curiosité redouble, et une nouvelle ardeur s'empare de nous.

Cependant nous quittons la route que la lave de 1857 a inter- rompue et couverte en cet endroit et qui ne permet plus aux voi- tures ni aux cavaliers d'aller plus loin, et le nouveau sentier que nous prenons, sur la droite, nous fait passer devant une grande villa, charmante l'an dernier, aujourd'hui enveloppée des crêpes funèbres d'une lave noire qui la serre et emprisonne sa taille jus- qu'à la moitié du rez-de-chaussée, après avoir brûlé et détruit les magnifiques jardins et les plantations qui l'entouraient. Mais aussi pourquoi venir braver si haut les fureurs du volcan, et chercher son repos si près d'un ennemi farouche? Il paraît que c'est en vain que l'on veut persuader aux amateurs de villégiature, comme aux habitants des villages de la côte et du pourtour du Vésuve, de ne pas élever de maisons dans des endroits si menacés. La beauté de la situation et la fertilité du sol, qui ne tarde pas à se recouvrir d'une riche végétation, destinée à être encore dévorée quelques ann es après, expliquent seules cette insouciance de l'homme sous les menaces de la nature. On nous dit même que cette insouciance est telle, qu'il y a une poudrière à Torre dell'An- nunziata. La villa en question était la joïe et les délices d'une fameuse cantatrice de San-Carlo, la Fioretti. Nous y fai- sons une halte qui nous permet, non pas de visiter le riche retiro assoupi dans le blanc linceul de ses murailles, comme s'il pleurait sa beauté passée, mais d'admirer Naples qui commence à

secouer les vapeurs qui le voilaient, et à faire reparaître dans les
eaux transparentes de son golfe, ses palais, ses dômes et la verdure de ses collines qui s'y reflètent. Le soleil perce la dernière
nue qui se fond sous ses rayons et forme sur les vagues endor-
mies une île lumineuse de l'effet le plus magique. Puis, peu à peu,
la scène change, l'aspect se modifie, et voici d'immenses flèches
d'or qui s'échappent d'un centre commun, se partagent et se dis-
persent sur la mer qu'elles couronnent d'un rayonnement
grandiose, gloire immense dont il est impossible de peindre la
splendeur.

Si en cent endroits divers se montrent de vastes coulées de
laves, comme les flancs de la montagne sont immenses d'étendue,
surtout encore à la hauteur moyenne où nous sommes, à chaque
pas aussi apparaissent des vallons, délicieuses oasis d'une admirable végétation. Voici que notre chemin est bordé de gros aloès et
des plus belles plantes des contrées méridionales. Nous suivons
l'un de ces gracieux ravins. Mais quand nous avons achevé de le
remonter, tout-à-coup, à notre droite, s'ouvre à nos pieds une horrible déchirure de la montagne, dans laquelle est entassée, à une
grande distance, la lave de l'éruption de cette année.

Le plus ordinairement, dans ses éruptions, la lave s'échappe du
côté qui regarde Naples, comme elle fait aujourd'hui, et alors elle
descend vers Resina, Torre del Greco et Torre dell'Annunziata.
Mais cependant en gravissant, toujours à peu près vers l'Atrio dei
Cavalli, ou plutôt au-dessous de la Somma, nous trouvons sur un
vaste plan incliné des coulées de lave de l'éruption de 1855, qui,
se dirigeant, au nord-ouest, vers les villages de la *Cercola*, de *San-
Sebastiano*, et de *Massa*, ont détruit une quantité de fermes, de

chaumières et de villas, qui ne s'attendaient pas à la visite du fléau. Que doit être cruelle le réveil, lorsque, dans les épaisses ténèbres de la nuit, d'affreuses clameurs d'épouvante vous arrachent à une couche heureuse et vous mettent en face de ces larges fleuves de feu qui viennent vous engloutir et vous dévorer ce que vous avez de plus cher ?

Notre caravane marche en silence. Il est de ces émotions qui, pour être mieux goûtées, demandent le calme et la méditation. Mais au moment où, l'âme repliée sur elle-même, nous gravissons un renflement du sol, qui borne notre horizon, un hurrah de surprise, parti de la poitrine de M. Valmer, nous annonce une surprise. En effet, subitement, à un détour de la route que nous avons retrouvée derrière la coulée dont j'ai parlé, et un peu au-dessous de l'endroit où elle finit à l'Ermitage-de-Saint-Sauveur, nous nous trouvons en face, non pas d'un simple courant, mais d'un océan de lave incandescente, contenu en un vaste bassin, et dont la marche lente a permis de lui donner une dérivation vers d'anciennes scories, sises en un bas-fonds, et que l'on nomme *Fosso-Grande*. Là, comblé par l'incessante accumulation de la lave, le Fosso-Grande déborde et fait une imposante cascade de feu. Que c'est beau ! Que c'est majestueux ! Que c'est terrible !

Mais je ne puis vous dire encore la sublime horreur de cette vision, car, comme il est cinq heures, nos guides nous pressent de les suivre, et, nous arrachant à la contemplation qui nous absorbe, nous consolent en affirmant que le spectacle sera beaucoup plus admirable quand viendront les ténèbres ; si bien que nous nous dirigeons, avec eux, vers l'Ermitage, où nous quittons nos mulets et où nous déposons nos provisions.

Il s'agit maintenant de gravir le cône de cendres et de scories qui conduit au cratère supérieur du Vésuve, et d'y arriver pour voir le coucher du soleil et y étudier le volcan à l'heure du crépuscule. Mais cette ascension ne peut se faire qu'à pied. Nous partons donc bravement, en tournant sans cesse les yeux vers l'immense nappe de feu, dont nous ne pouvons voir exactement les bouches, placées sur le flanc de la montagne, plus au levant. Nous remarquons à notre droite, un peu au-dessus de l'Ermitage, une construction pittoresque, dont la présence excite notre surprise en un tel lieu. C'est l'Observatoire que fit élever le roi de Naples actuel, Ferdinand II, pour abriter les savants et les mettre à portée de faire, avec plus de succès, des observations météorologiques, et de pouvoir étudier et expliquer les phénomènes volcaniques dont ils seraient les témoins. *La Torre del Real Observatorio Meteorologico Vesuviano* est un élégant petit édifice, dont le plan appartient à un architecte, du nom de *Gaetano Fazzini*, aidé des inspirations du chevalier *Macedonie Melloni*. L'inauguration de cet Observatoire eut lieu en 1845, en présence des savants italiens assemblés, pour le septième congrès scientifique.

Le cône de cendres du Vésuve est à l'élévation totale de la montagne comme 1 est à 3. C'est donc encore un tiers de notre voyage qui nous reste à faire. La montée présente une inclinaison de cinquante degrés, c'est vous dire qu'elle n'est pas précisément commode. Néanmoins nous la gravissons avec une ardeur sans égale. Un de nos guides prête son secours à ma mère, et le second se partage entre M. Valmer et moi. De plus, les guides sont porteurs de cordes dont on peut avoir besoin. D'abord, pendant quelque temps nous marchons sur la terre ferme, mais bientôt arrive la région des cendres. C'est la région de l'horreur, de l'abomination, de la désolation. Toute trace de végétation disparaît. On ne voit plus, on n'est plus entouré que des vomissements du Vésuve, de tous les âges et de tous les calibres. Ce sont des sillons, des masses, des éminences et des crevasses sans nombre de fer, de soufre, de terre, de pierre, de bitume, de verre, d'alun, de nitre, de cuivre, de terre cuite, amalgame inimaginable, fondu, pétri, écumeux encore, crasses et scories inqualifiables, inanalysables, sorte de mâchefer, d'éponges noires, blanchâtres, dures au pied, raboteuses à la main. Les pluies ont passé mille fois sur ces fragments et détritus des entrailles du volcan, et, à leur lavage plus ou moins prononcé, on distingue les anciennes déjections de nouvelles. Rien de plus sinistre à l'œil que ces affreux dégorgements. Tout cela roule perpétuellement sous vos pieds, et vous fait descendre dix pas, quand vous voulez en gravir un. Souvent le sol cède sous nos pas, et nos mouvements deviennent plus pénibles. Heureusement, pourvus de chaussures solides, nous bravons la difficulté de la marche, et, cherchant le plus possible de coulées et de scories, sur lesquelles notre pied trouve un point d'appui résistant, nous gagnons peu à peu du terrain; et, l'un aidant l'autre, celui ci poussant celui-là, quelques lazzi emoustillant la bande, ma mère nous disant :

A vaincre sans péril on triomphe sans gloire!

haletants, épuisés, n'en pouvant plus, mais, tantôt regardant timidement en arrière, tantôt portant nos yeux plus résolument en avant, irrésistiblement entraînés, hissés, fascinés par le désir de voir et de connaître, après une bonne heure de vaillants efforts, et une pluie de sueur qui arrose la tête du volcan, nous atteignons enfin les larges lèvres de la gueule du monstre.

Le président de Brosses raconte ainsi son ascension au Vésuve :

« Par malheur, nous avions avec nous une troupe de paysans qui avaient quitté les vignes, tout le long de la montagne, pour nous suivre. Ils étaient tous vêtus en capucins, l'habit de capucin étant celui des paysans de la Calabre, et, soi-disant ciceroni, ils étaient armés de cordes, courroies, lanières et ceintures, dont ils s'enveloppèrent et nous aussi. Chacun de nous se vit saisi, malgré sa résistance, par quatre de ses coquins qui, nous tirant par les quatre membres, chacun de son côté, nous pensèrent écarteler, sous prétexte de nous guinder en haut; tandis que d'autres, en poussant par derrière, nous faisaient donner du visage en terre, si adroitement, qu'il n'y avait que le nez qui portât. »

Le brave Valmer, lui, donne aussi du visage en terre, mais si maladroitement, que c'est la joue droite qui porte d'abord, puis, comme un ballon qui rebondit, sa joue gauche a son tour.

Ma montre marque six heures sept minutes, quand nous atteignons le bord de la coupe, l'orifice du cratère, le sommet du terrible volcan.... Nos cœurs battent à rompre la poitrine , nos yeux sortent de leurs orbites, et s'écarquillent pour mieux plonger dans l'abîme. Pas une parole ! Nous sommes recueillis comme en présence de Dieu...

N'allez pas croire, mes amis et bons cousins, que le cratère présente à l'intérieur une sorte de muraille à pic, qui permette de voir immédiatement dans ses profondeurs? Non. Le cratère du Vésuve offre une circonférence irrégulière dans son pourtour et dans sa hauteur, et compte plusieurs kilomètres de développement. Mais lorsqu'on atteint sa lèvre, c'est-à-dire le rebord ou bourrelet qui le forme, et dont le point le plus élevé, sis au nord, porte le nom de *Bocca di Palo*, on voit en avant de soi de larges pentes de scories noires, fendillées, lézardées, crevassées dans tous les sens, et dont toutes les fissures vomissent une fumée qui, réunie, produit ce gigantesque parasol qui surmonte le volcan. Pour voir dans le sein de l'abime, il faut donc s'avancer sur ces pentes noires, brûlantes, qui craquent sous vos pieds, qui cèdent absolument comme si elles allaient s'ébouler, et vous entraîner avec elle dans le gouffre. Nous nous hasardons à les franchir, et, à l'aide de nos guides, nous descendons cauteleusement, avec mille précautions, vers le centre du précipice béant, horrible, qui s'ouvre devant nous ; et, au travers de la fumée qui nous brûle, nous allons à la découverte. Heureusement, le ciel est calme et pur : aucun vent n'amoncelle cette fumée en nuage et ne nous enveloppe de ses tourbillons. Par moments, nous nous arrêtons pour regarder, et alors aussi nous prêtons l'oreille. Vous dire le bruit qui s'échappe du gouffre, ses étranges murmures, ses rumeurs souterraines, les détonations sourdes des mystérieuses et fécondes entrailles du volcan qui brûle, dans une telle immensité de profondeur que ses feux passent sous le golfe et communiquent avec les feux des Champs Phlégréens, et ceux de la Solfatare qui sont de l'autre côté de ce même golfe, et même s'étendent sous la mer, pour se confondre avec les brûlantes fournaises de l'Etna, comme le prouve la chaîne des îles qui les relient, en leur servant de vomitoires, serait au-dessus de la puissance de ma plume. Que dire, en face de cette merveille dont rien ne résout les problèmes, en entendant les mugissements de cette voix caverneuse qui gronde, de ces déchirements intérieurs qui s'opèrent, de ces éboulements grandioses qui révèlent qu'à des profondeurs incommensurables, et à des distances infinies le Créateur des mondes a ouvert des torrents de flammes, dont la combustion sans fin est alimentée par la terre qui nous porte, dans lesquels elle s'effondre et se dissout, dont la morsure cruelle la convulsionne et la force à regimber avec violence, comme une cavale indomptée qui se cabre? Aussi, je me tais! Cependant, je puis au moins essayer de vous raconter que notre ouïe recueille des beuglements semblables à des tempêtes souterraines, à des chutes de grandes eaux, à des crépitements de flammes ; on dirait comme d'un bouillonnement convulsif, comme une fermentation colossale d'éléments ennemis et confondus ; et, dans cette inexprimable agitation qui émeut le sol et qui l'ébranle, on perçoit des sifflements aigus, des chocs qui se heurtent, des ébranlements immenses et des chutes grandioses : enfin, de ces cataclysmes de choses sans nom, qui permettent tout au plus de balbutier, en voulant les définir. Ce que nous voyons, écoutez-le : Parmi les noires vapeurs qui montent, tourbillonnent et se dégagent lentement, lourdement, et dans cette grande confusion de sourde et vaste tourmente que l'on ne peut rendre, on voit, on entrevoit des nappes de lueurs rougeâtres qui semblent se soulever, qui éclatent, qui se forment en cône, qui crèvent et retombent, qui brillent d'un éclat plus vif sur un feu plus sombre, qui s'éteignent et se rallument encore, qui s'apaisent et s'irritent, qui bouillonnent et rugissent, que sais-je? C'est la lave en fusion qui monte de l'abîme, et s'échappe par les cratères inférieurs. Aussi, à un moment donné, la chaleur est telle sous nos pieds, notre sang martelle nos tempes de battements si précipités, que le vertige commence à s'emparer de nous... Il nous faut cramponner nos bras aux cordages dont nos guides nous ont ceint les reins et avec lesquels ils nous soutiennent penchés sur le vide. Il nous devient impossible d'aller plus loin.

D'ailleurs, nos bâtons prennent feu. Nous remontons en toute hâte au sommet-du cratère.

Il est des éruptions tellement violentes qu'elles amènent leur lave incandescente jusque sur les lèvres de ce cratère. Alors elle déborde, descend comme d'un vase trop plein et s'écoule sur les flancs de la montagne avec une rapidité d'autant plus grande que le cône est plus abrupte. De ce que le volcan du Vésuve est bas, son action se concentre principalement dans le sommet, dit M. de Humbold. Aussi ce sommet, ou cône, change-t-il constamment de forme. Le cratère reste toujours cratère, mais il renouvelle perpétuellement sa forme, et la physionomie des phénomènes volcanique est toujours variable. Dans la promenade trop courte qu'il nous est donné de faire sur son bourrelet, nos guides nous font remarquer ses grandes coulées qui jadis inondèrent les flancs du Vésuve, à l'orient surtout, à partir de Torre del Greco, sur les bords du golfe, jusqu'à *Ottojano*, derrière la montagne, à l'opposé de Naples. Voici dans quel ordre elles se présentent : Eruption du 17 septembre 1731, puis éruption du 14 mai 1771 ; du 16 décembre 1766 ; du 28 octobre 1751 ; du 8 mars 1766 ; du 2 décembre 1754 et de septembre 1776.

Mais tournons nos regards d'un autre côté, et, comme nous, découvrez votre tête et inclinez-vous.

Du haut du volcan qui nous sert de piédestal, nous voyons le soleil qui se couche sur la mer en l'inondant de ses feux ; les îles, les collines de Pausilippe, Naples et son amphithéâtre radieux, sans tempête à cette heure, à notre droite ; les montagnes de Castellamare et de Sorrente, à notre gauche ; le long rideau de

palais qui se nomme Portici, Resina, Torrel del Grêco, etc., à
nos pieds ; et enfin le golfe et ses mille baies chargées de navires,
où nagent les plus belles teintes de pourpre et d'or, ou resplen-
dissent d'un éclat flamboyant que reflètent les rivages... Dieu est
grand, et ses œuvres sont belles ! Proternons-nous donc pour
l'adorer. J'ai prié l'Éternel sur le Mont-Blanc, aux Alpes, sur le
Pic du Midi, dans les Pyrénées ; sur les volcans éteints de notre
Puy-de-Dôme ; je le prie avec la même ferveur en Italie, sur le
cône embrasé du Vésuve. Puisse-t-il bénir et protéger tous ceux
qui ont une place dans mon cœur !

Je ne vous dirai rien de notre descente rapide. Cendres à mi-
jambes, ici, là, scories qui nous déchirent les mollets. Chutes
plaisantes par-derrière ; moins agréables par-devant. Rires et
bons mots. Néanmoins notre gaîté n'est que factice. Nous sommes
impressionnés du spectacle que nous quittons, et celui qui nous
attend, cette mer de feu, à laquelle les ténèbres permettront
tout-à-l'heure de rutiler, et dont nous voyons déjà les reflets
embrasés, nous livre à l'avance à mille sentiments d'inexprimable
curiosité.

En effet, nous atteignons l'éruption actuelle, et l'immense espace
qu'elle occupe, à l'est de l'Ermitage et de l'Observatoire, se déploie
peu à peu sous nos regards. Là, nous nous rencontrons avec
d'autres touristes que nous avions vu descendant du cône tenus en
laisse par des cordages, ou montant à l'Ermitage. Nous avons devant nous et sans obstacle aucun, la lave qui s'échappe des flancs
de la montagne.

Au point culminant de l'éruption, la lave ne se partage pas :
elle tombe dans un vaste bassin ménagé cette fois par la nature,

et y forme un grand lac incliné quelque peu, aussi étendu que la plus grande nappe d'eau de notre bois de Boulogne, lac de feu qui embrase et fait lucioler l'air qui le couvre et le teint de vifs reflets rougeâtres, du plus bel effet dans la nuit, maintenant tout-à-fait venue. Contraste étrange ! Cette vaste fournaise est circonscrite dans une zône de hauts arbres touffus, de la plus riche verdure, dont les plus avancés sont emprisonnés déjà et brûlés par la lave. On ne voit pas sans peine leur beau feuillage flétri, couvert du deuil de la mort, se pencher sur le brasier, comme ces pauvres victimes que la cruauté des hommes jadis livrait au supplice du feu. L'Observatoire et l'Ermitage sont, eux aussi, rougis par l'incendie, et font image dans l'ensemble du tableau. Il n'est pas jusqu'aus faîtes des parois abruptes de la Somma, qui ne se montrent, à notre gauche, dans un lointain vaporeux et chaud, illuminés de teintes les plus variées et servant d'encadrement à la scène grandiose qui nous occupe.

Nos guides s'élancent, par-dessus la lave brûlante, sur des îlots noirs de lave refroidie, et nous engagent à les suivre. Nous répondons magnanimement à leur appel. Mais je leur recommande ma bonne mère, au milieu de ces pérégrinations dangereuses et de cette curiosité téméraire. Les îlots fléchissent sous nos pas : ils s'agitent et se balancent, comme faisait la mer de glace du Montanvert, à Chamonix, quand autrefois nous la traversions. Seulement ici, au lieu du froid, c'est une cruelle sensation de chaleur qui nous saisit. D'îlots en îlots, nous nous avançons ainsi fort loin parmi les accidents du lac de feu. La sueur ruisselle de nos têtes ; nos pieds brûlent; et nos bâtons, destinés à nous tenir en équilibre, s'enflamment. L'un des guides nous présente alors des œufs qu'en une minute nous faisons cuire au contact de la lave ; l'autre nous apporte un flacon de Lacryma-Christi, dont nous faisons justice à l'instant même en le vidant à la gloire de la France ! Certes ! le Lacryma-Christi, produit du Vésuve, participe de sa chaleur. Il donne à nos âmes la puissance, et la force à nos esprits. M. Valmer et moi, nous allumons nos cigares au feu du volcan, et nous voici escaladant, sautant, circulant de plus belle au travers de la vaste coulée et nous en·vrant des étranges et magiques aspects du spectacle. Partout des crépitements se font entendre : c'est la nouvelle lave qui saisit et ra'lume l'ancienne, et qui étreint la végétation et la dévore. Enfin nous revenons à la limite extrème de l'invasion du feu, et là, nous arrêtant, nous observons la marche et la progression de la lave. Elle est lente, fort lente : tout au plus avance-t-elle d'un mètre en dix minutes. Puis, contournant la fournaise, nos guides nous conduisent au point où se trouve un vallon à demi comblé par les scories et vers lequel on a dirigé, comme dans le lit desséché d'un fleuve, le courant qui s'y déverse, s'y accumule, et forme le *Fosso Grande*. Le feu y arrive comme une large rivière : mais le Fosso Grande est rempli à cette heure. Aussi le courant déborde, et comme derrière le Fosso Grande se trouve une sorte d'abîme propre à recevoir à son tour le trop plein de l'éruption et à empècher sa chute vers Resina, du Fosso Grande la lave tombe en une immense cascade continue et rutilante qui complète le tableau féerique de la splendide vision que nous offre la nature. A quelque pas de là, nous avisons une maisonnette envahie par le torrent et qui déjà ne montre plus que sa plateforme surnageant à peine et brûlant peu à peu. Des crevasses de lave noire qui entourent cette large voie de brasier, descendant vers la base de la montagne désormais sans arrêt, jaillissent de toutes parts des flammes violettes et des fumeroles. De longs et

sourds craquements se font entendre. Des mousquetades intérieures y répondent. Il s'élance en l'air comme des lances
à feu : ce sont les arbres saisis qui s'embrasent. C'est une mise
en scène d'une fantasmagorie que rien au monde ne pourrait
reproduire. Pour la compléter, au loin, dans la brume scin-
tillante qui se dégage de la rivière et du lac de lave, on voit
aller et venir, comme des âmes en peine, des furies venge-
resses, ou des démons d'enfer, des groupes animés de touristes dans les plus étranges costumes, des dames et des amazo-
nes dans des chaises à porteurs, et des curieux sautillant sur les
laves noires comme nous faisions tout-à-l'heure.

Voilà, mes chers amis, la faible esquisse du spectacle le plus
merveilleux qu'il soit donné à l'homme de voir sur la terre. Ce
que je vous en dis est bien loin de la majesté des aspects que j'au-
rais voulu mettre sous vos yeux. Mais ayez égard à ma bonne
volonté, et que ma lettre serve simplement de préface au voyage
qu'un jour bien certainement vous ferez sur cette terre admirable.

Malheureusement la faim, l'impitoyable faim, nous a rappelés à
l'Ermitage où nous attendaient nos provisions. Après boire,
je vous écris ce triste croquis. Mais maintenant, deux heures du
matin, et pendant que ma mère, courageuse comme la noble Cor-
nélie, repose, et dort épuisée, M. Valmer et moi nous allons ache-
ver la nuit au milieu de cette contemplation qu'il nous sera donné
trop rarement de tenir à la disposition de nos désirs.

Puis demain, ou plus tôt, ce matin, quand l'aube blanchira le
sommet du cratère, nous irons reprendre notre voiture à Resina,
et nous nous porterons d'Herculanum vers Pompéïa.

Que je me félicite d'un pareil voyage et combien j'en remercie ma tendre et bien-aimée mère! Préparez vos oreilles, Cousins : je vous assourdirai par mes récits. Mais, pour un moment, livrez-moi seulement vos joues, que j'y dépose de bons gros baisers, dont vous voudrez bien faire part à la famille, et avec toutes les tendresses d'un cœur, qui, chauffé à blanc par le Vésuve, crépite et brûle comme la lave.

Tout à vous, Emile DOULET.

LIMOGES. — IMPRIMERIE DE BARBOU FRÈRES.

www.ingramcontent.com/pod-product-compliance
Lightning Source LLC
Chambersburg PA
CBHW051740090426
42738CB00010B/2349